光灵◎著
中国香港作家

爱情保鲜秘籍

女人需要宠爱，男人需要崇拜

广东旅游出版社
GUANGDONG TRAVEL & TOURISM PRESS
悦读书·悦旅行·悦享人生

中国·广州

图书在版编目（CIP）数据

爱情保鲜秘籍：女人需要宠爱，男人需要崇拜 / 光灵著 . —广州：广东旅游出版社，2018.10
ISBN 978-7-5570-1471-1

Ⅰ．①爱… Ⅱ．①光… Ⅲ．①爱情－通俗读物 Ⅳ．① C913.1-49

中国版本图书馆 CIP 数据核字（2018）第 199958 号

爱情保鲜秘籍：女人需要宠爱，男人需要崇拜
Aiqing Baoxian Miji：Nüren Xuyao Chongai，Nanren Xuyao Chongbai

广东旅游出版社出版发行
（广州市环市东路 338 号银政大厦西楼 12 楼　　邮编：510180）
印刷：北京海纳百川旭彩印务有限公司
（地址：北京市大兴区黄村镇桂村工业园）
广东旅游出版社图书网
www.tourpress.cn
邮购地址：广州市环市东路 338 号银政大厦西楼 12 楼
联系电话：020-87347732　　邮编：510180
787 毫米×1092 毫米　　16 开　　5.75 印张　　139 千字
2018 年 10 月第 1 版第 1 次印刷
定价：45.00 元

自 序

数年前我以 What2believe 这个笔名，在香港一个网上讨论区分享我对两性关系的一些观点，出乎意料，收到了不少网友的正面回应，大多是向我诉说个人在感情路上所遇到的种种煎熬。其间我深深体会到，处于感情困境中的男女所受的痛苦和无助。值得安慰的是，不少网友都能够在我们进行文字交流的过程中，获得一些释放自己负面情绪的机会及转移心境的动力，并藉由我们一些心态方面的引导，凭自己的力量重新振作起来。

我们都明白，在爱情关系中，没有任何人能够帮到你，真正能够帮助你的人只有你自己。原来，你可以凭自己的力量超越困局和变得更快乐，不需要继续依赖或等待别人给予你更多的幸福。其实，任何人都可以通过自己的内在转变而改变外在的处境。你完全可以通过学习相处的智慧，了解关于爱的真相，甚至只是明白自己与异性的差异而达到改善两性关系的效果。起码，你会在一直让你受苦的爱情关系中，感到更自在和自由，只要你愿意这样选择。

这本书献给希望在爱情关系中获得真正快乐的所有男女。无论你是刚入情场的年轻人，还是身经百战的老夫老妻，如果你在相爱的关系中不能经常获得快乐和满足，而你真切希望改变这种状态，我相信，你会在书中找到一些能够深深影响你的启示，这也是本书的目的。

我不能强调更多，在所有的爱情关系中，真正让你感到受苦的并非你的伴侣，而是你自己的固有观念，只是你的一堆想法而已。所以，也只有你，才能真正转变自己的处境。

所有的人生经历都是为了你好，此刻，除了感恩，我已经什么也说不出来……

光灵（What2believe）

CONTENTS

女人这样爱，男人爱这样

chapter

II

快乐，由你做主！

给女人的建议

给男人的建议

chapter
III

爱的智慧

从相处中了解爱

chapter I

为何相爱却不快乐？

　　相爱只是让你们能够走到一起的原因，而不是令你们获得快乐的方法。能够与一个人从相识到相爱是一种缘分的安排，而并非能够快乐的保证。要想在一段相爱的关系中获得快乐，还需要双方在相处的过程中不断反省自己，学习在不同的考验中超越考验间接引发的伤痛。原来让你在爱情关系中不快乐的主要原因，往往都是一些你一直认为理所当然的想法。

　　当你明白自己的一些固有观念是如何影响你的爱情关系时，你便可以通过选择改变自己的这些想法而变得更快乐。

其实，是你的想法令你不快乐

令你经常不快乐的原因，只是你执着于对错的观念。

▶ 都是你的错？

▶ 为何不能为我而改变？

▶ 我是受害者？

▶ 你不那么爱我

▶ 忍受是相处之道？

▶ 爱人比爱自己更重要？

▶ 快乐与否，由伴侣决定？

都是你的错？

对错只是我们赋予事情的可变价值观，当你不再以对与错的观念来看待事情时，你对事情的想法也会发生转变。

"都是你的错"恐怕是两性关系中的一个常见想法。这个想法很简单，就是你认为伴侣所做的一切，要么是对的、要么是错的。你不断用对与错的标准检查伴侣的每个行为，对的你会认为理所当然，错的便令你感到气愤。

对与错的观念，惯性的思想陷阱

随着人生经历愈趋丰富，你就愈容易惯性地不断强化对与错的观念。而当你在关系中发现，伴侣做了些你认为不对的事时，你就会马上把对方的行为标签为错的，甚至把对方整个人看成是有问题的，然后一大堆的批判就出台了。你开始根据这个想法的结论，进行一系列针对伴侣的响应、批评甚至攻击。而为了把自己的指控合理化，以证明自己是对的，你会不断寻找能够证明对方做错了的理由和证据。

我们都习惯用对与错的观念，对伴侣的言行做出评价及反应。而当你这样批评对方的时候，对方也会为了要证明自己没错，错的是你而反击你。本来相处快乐的情侣或夫妻，就这样掉进了惯性思维的陷阱，导致一次又一次的冲突。

你会说，难道对方做错了也可以算了吗？做错也不用改正吗？对方难道可以为所欲为，这样不会把关系弄得更乱更错吗？不会的！因为爱情根本没有绝对的对错，你以前认为是错的，今天可能会认为是正常的；而站在不同立场的人，对同一事情的对错判断都会有所不同。对错只是我们赋予事情的可变价值观，当你不再以对与错的观念来看待事情时，你对事情的想法也会发生转变。

不认同与不接受

无论你们是情侣还是夫妻，在相处的过程中，经常让你不快乐的，都是来自你认为对方错了的种种判断。我的建议是，当你的伴侣做了或没做一些事情而让你生气，让你觉得对方错了的时候，请你先握紧你作为对错法官的木槌子，并尝试不把对方的这个行为裁定为错的，而只是如实地接受这个行为。我不是要你赞同这个行为，你绝对可以不同意对方这样做，但是，你也绝对可以在不认同的情况下，单纯地接受这个行为的发生。

如果有需要，你只是带着体谅的心态，向对方提出你的个人意见，并通过坦诚的沟通，把你不认同对方的原因说出来。这样，对方一定会更容易接受你的不同意见，而且会让伴侣暗地里感激你的包容和宽大。更重要的，是能够让对方体会你的爱，你们的摩擦自然会减少。最后，你会发现，令你经常不快乐的原因，只是你执着于对错的观念。

为何不能为我而改变？

如果你真的爱你的伴侣，你会愿意包容和接受现在的他/她，而并非不断要求对方成为你想象中的人。

人经常会有一种假设性的想法：如果伴侣真的爱我，对方自然会为了我而改变。相反，如果对方在知道你的期望和需要的情况下，仍然不愿意改变，就是不够爱你的表现。

让对方自由，即令你自由

这个想法往往让不少爱侣饱受煎熬，因为期望愈大，失望愈大，当你期望对方会为了你而改变时，你便处于一种守株待兔的等待状态，如果对方真的改变了一点，你就会得到点鼓舞，然后便马上渴求对方做得更多；如果对方并没有在你期望的时间内开始改变，你的不满自然会在日常的生活中表现出来，令你们的关系变得紧张。

没有人愿意因为别人而改变，所有人都只会因为自己而改变，虽然在表面上，好像有人会为了满足别人而改变自己，甚至是为了别人而活；但是，只要你看得更深，你便会发现，这些人也只是为了自己而改变，因为他们只是披着为别人改变的外衣。

其实，需要改变的永远都是你自己，而不是别人，因为每个人都只能对自己的人生负责，无法完全对另一个人的人生负责。也只有自己，才有足够改变自己的力量。

无论你多努力尝试，无论对方是谁，你只可以改变伴侣的外在条件，但是，永远无法真正改变一个人。你只能先调整自

己的心态，并通过自己的改变而令你的外在世界转变。

由你开始，改变身边的人

当你放下必须改变对方才能快乐的想法，你会变得更快乐。如果你真的希望伴侣有所改变，可以尝试不带条件地把你所想的如实和诚恳地告诉对方，放下对结果的执着，至于对方是否接受，是否愿意改变，顺其自然便可。

当你以这样的心态与伴侣相处，其实已经改变了自己。新的你自然会影响身边的人。你会发现，你要的结果会奇迹般自然发生，这是通过你的内在转变所触发的结果。

伴侣不能改变很可能只是单纯的办不到，或只因缺乏改变的意愿，与爱你多少并无直接关系。如果你真的爱你的伴侣，你会愿意包容和接受现在的他／她，而并非不断要求对方成为你想象中的人。尝试不再改变对方，让对方自由也能令你更自由和快乐。

我是受害者?

因为你容许自己被困在一个受害者的想法之中,你无法看清自己原来并非受害者的真相。

当伴侣做了一些你认为是对不起你的事时,你往往会认为对方是错的一方,当事情已经无法改变,你甚至会把对方看成是加害者,而你自己便自动担当了受害者的身份。然后,你会不断怨恨对方,你期望通过其他人对你的同情而得到一些安慰,但你心里却明白,你并不会因为别人的同情而感到释怀。

是自我安慰?还是进一步的自困?

"成为受害者"的想法可能会令你得到短暂的安慰,可是,你却无意中付出了更沉重的代价。你容许负面想法的力量支配你整个人,包括你的思想和行为。而这些负面想法会把你紧紧地维持在一种悲愤莫名的心理状态,让你认为一切都是为了你好,一种表面看来可以让你保护自己,让你感到安全的状态。

然而,你只是无意识地把情绪的主动权交给了自己的惯性思维,让你产生短暂的熟悉和安全感,因为你认为自己是受害者,甚至会觉得你的怨恨和不快乐都是应该的。可是,受害者的想法往往会令你长期处于内心痛苦及无意识的状态,甚至当你的负能量流向你身边的人时,更让人感到你的不安和悲伤。因为你容许自己被困在一个受害者的想法之中,你无法看清自己原来并非受害者的真相。你已经被自己的惯性想法俘虏了。

其实,无论伴侣对你做了什么,你都不是一个受害者,因此根本没有受害者与加害者的存在,一切都只是你的惯性观念和恐惧所投射出来的结果。

受害者的观念是一种活跃于人类惯性思维中的巨兽，一种好像能够保护你，却同时把你掌控在手，并持续地将你紧紧关在痛苦深渊中的无形力量。当你认同并执行这种观念给你的指示时，你就已经被控制了，将会跌入一个恶性循环里面，你的不幸感只会让你吸引更多让你以为是证据的不幸遭遇，直到你愿意转变你的视角为止。

有一天，当你决定不再认同你是受害者，并且放下这种一直捆绑你的观念时，你才能看清你的处境，你会发现，"受害者"只是个来自观念的产物罢了。

你不那么爱我

男人不认为他不爱你，是因为他根本就没有想过爱与不爱、爱多爱少的问题，他很可能只是不懂如何去爱你。

当两个人相处久了，刚刚相恋时的激情已经淡化，剩下的似乎只有感情。而对一些结婚已久的夫妻来说，对"爱情"两字甚至已经感到陌生。对他们来说，比较符合自己实际情况、能够更贴切地形容现时夫妻关系的，似乎是"亲情"两个字。

当这种想法已经主导你时，你会尽量让自己在心理层面上接受这个现实，而同时在行为上抗拒这个结果。你抗拒的原因显然是你根本不想接受这是真的。 所以，你开始挑剔你的伴侣的所有行为，把放大镜放在你认为对方未做，甚至只是对方做得不够好的地方，你的结论是，你的伴侣已经不像以前那么爱你了。

因为伴侣以前经常做的事现在却很少会做，或只是出于应付了事而做，你感到失望和痛心。然后你开始投诉和抱怨，而伴侣却对你的反应感到莫名其妙，认为你是个不讲道理的人。这样，加深了伴侣原来真的不那么爱你的想法。

爱的方式，不等于爱的质量

大部分的男人在与女人相处久了以后，都会忽略女人的心理需要，例如，把时间和精力都放在工作的发展方面。因为缺乏对异性心理的了解，大部分这个阶段的男人，根本不知道伴侣需要什么、想什么。

男人的思维逻辑其实很简单，就是当他认为关系已经比较成熟时，就应该而且必须把自己认为比较实际、比较有兴趣、比较着急的事情先做好，然后家庭也会因此而好起来的。而女人的逻辑却是把感情定义为一切事情的基础和中心，无论男人在其他方面如何成功，都无法弥补对感情基础的破坏，因此女人认为这个基础才是其他成就的根本。

其实，女人首先不必因为男人对自己的忽略，而得出男人已经不爱你的结论。他不做你认为他应该做的事情，很可能只是源于他的优先次序观念，因此忽略了他认为无须天天关注的爱情关系。诚然，他并非因为不爱你而不满足你的需要，更可能只是不知道你把一些他认为是很小的事情看得如此重要。

作为女人，你的想法是爱你的人一定会懂你、关注你的需要，是吗？可是，请不要先下结论说你的男人不爱你，因为这是个非常危险的念头，一旦陷入这个思路，你就会很容易把想法当真，然后从心态和行为方面反映这个想法，并会在相处的过程中不断寻找证据，而最终一定会找到想要的证据。然后，你们会经常因为这些想法和误解而产生摩擦。结果，你的男人在不懂你的情况下，可能会觉得你不可理喻——男人不认为他不爱你，是因为他根本就没有想过爱与不爱、爱多爱少的问题，他很可能只是不懂如何去爱你。

女人，请你对伴侣的爱投下信任一票，然后，以耐心和体谅的心态，对男人说出你真实的心理需要和忧虑，让他知道你需要什么，并说明这些需要对你来说是有多么重要。只要你把理由说明白，你的男人总会听进去的。

你会发现，原来你的男人从来没有因为任何原因，而不那么爱你。

忍受是相处之道？

不要因为觉得你爱对方，就可以通过忍受而改善你们的关系，这只是一种逃避的消极想法。"忍受是相处之道"，这句话很可能是现代人普遍认同的两性相处之道。可是，两性相处，尤其是夫妻的相处真的是靠忍受对方来维系的吗？想想，你很爱一个人，可是，你在爱情关系中经常感到痛苦，而你只是天天高举"忍受是金"的道德牌坊，你们的关系就会因此而改善吗？你会因此而变得快乐吗？

盲目的忍受只会把问题隐藏和堆积起来，当你认为需要经常强迫和控制自己，需要经常忍受伴侣的不足和缺点的时候，你的思想会慢慢被注入毒素，你们的关系虽然在短期内因为减少了口头冲突而得到改善，却会在漫长的相处过程中渐渐恶化。

当毒素积累到让人难以承受的程度时，一些生活上的小事便能触发毁灭性的连锁反应，把关系摧毁。导致这个后果的根本原因是，没有人愿意长期做一些自己不喜欢做的事。你只会在你认为有需要的时候忍受对方，避免可能发生的冲突，而当这些让你需要忍受的理由消失以后，你的忍受能力就会大幅下降。

包容不等于忍受

其实忍受是一种带有负面意义的想法，这个想法本身已经足以令你不快乐了。所以，不要因为觉得你爱对方，就可以通过忍受而改善你们的关系，这只是一种逃避的消极想法，就算有效果，也只是短暂的，而你也不会因为忍受而感到自在。

取而代之的可以是一种包容的心态，你包容对方的动机是如实

地接受对方，而不是你认为伴侣应该如何、一定要如何，反过来说，就像你也不希望自己只活在别人对你的期望中一样。你在内心深处渴望的是自由，也希望活出自己最喜爱的方式，难道你觉得因为对方爱你，所以对方就必须改变自己来符合你的期望吗？

其实，你根本不需忍受什么，这只是你的一个想法，因为你爱的人根本无须改变，你只是还未接受伴侣对自己人生应该如何的选择，你才认为需要忍受对方。你根本不需要在无法改变对方的时候学习忍受对方，你可以单纯地接受和包容对方的选择与现在的模样。你当然也可以给予对方一些出于爱的提醒和观点，但是，请不要执着于对方是否接受你的意见和对方是否改变的结果。这样，你就自由了。

与忍受不同，你会在包容伴侣以后感到自在和轻松。包容伴侣才是你要学习的相处心态。

爱人比爱自己更重要？

你永远无法把自己没有的东西给予别人。

难道爱别人的想法也有错吗？当然没错，这并非错与对的问题，而是轻重和先后次序的问题。

怎么说？

我们都认为爱别人比较伟大，是应该做的，也给其他人一种值得尊敬的感觉。所以，我们都很乐意在爱情关系中，尽量以各种行为向伴侣传递自己的爱意，觉得爱护对方是应该的，是感情关系的重要基础。

可是当你有了这个想法，而你亦要求自己按照这个重要的观点与伴侣生活，你会用你的所长做一些让对方开心的事，说一些对方喜欢听的话。结果，对方的爱好似乎比你自己的爱好更重要，对方的喜怒哀乐都能轻易牵动你的神经。在生活中你宁愿委屈自己也要迁就对方的要求，你愿意忍受伴侣的脾气。

你说，"我爱我的伴侣，我心甘情愿为对方做任何事，尽量满足对方的需要。"

你又说，"只要对方快乐，我便快乐。"

这样，你真的快乐吗？

有一天，当你发觉原来自己只是不断围着对方而转，你会发现对方给你的响应并没有你想象般好，反而会因为伴侣对你的要求愈来愈高，而感到苦恼。

懂得爱自己，才懂得爱别人

你再次说，你爱你的伴侣，所以，你不断把你的爱加码，哪怕要你继续降低对自己感受的重视，为的只是更多地满足对方的一切要求。结果还是让你失望，对方非但没有让你好过一点，反而不断加大对你的索求。你感到非常失望，你觉得你一直想方设法让对方快乐，甚至不惜委屈自己，难道爱一个人都有错吗，为什么你付出了那么多，却落得如此收场？

在一个熟悉的难眠晚上，在床上辗转反侧的你又惯性地被脑里的一大堆想法困扰着。

你在想，你给对方那么多的爱，对方却没有给你任何回报，你完全搞不懂究竟是为什么。你盯着远处圆圆的月亮，突然来了一个念头：你付出的并不是爱，而是通过一些行为表达你期望被爱的索求，对方只是一个让你期望获得被爱感觉的供货商而已。想到这里，你再也无法控制你的眼泪，你觉得自己很可怜，很快，你就睡着了⋯⋯

你梦见有个调皮的小孩对你漫不经意地说了一段话："你的不快乐是因为你根本没有好好爱你自己，你从来没有重视和尊重自己的感受，你只是不断向外输出你的欲望而已，那并非爱的能量。"所以，你收到的也只是要求你继续付出欲望请求的响应。当你自己都不懂爱自己的时候，你的内里便没有爱，当你没有爱的时候，你又如何把爱分享给别人呢？

你永远无法把自己没有的东西给予别人，如果你真的懂得爱自己，你会重视自己的感受，不容许自己和别人的想法伤害你，你会懂得欣赏、感激现在的你和你所有的一切。这样才是真正的自爱，你的自爱令自己充满爱，你的爱会流向你能接触的每一个人，然后进入每一件事当中。这样，你就能毫不费力地不断收到爱的回流。你明白吗？

闹钟突然响起，你醒来后发现这个白天看起来并没有什么不同，你心里却明白，你已经不再一样。

快乐与否，由伴侣决定？

当你认为决定你能否快乐是别人的责任时，代表你已经把自己能否快乐的主权交给了别人，你已经放弃了做自己情绪的主人。

你能否在爱情关系中获得快乐，完全视乎伴侣是如何对待你，如果伴侣对你更好，你自然会更快乐。

是这样的吗？

在爱情的关系中，我们往往会有意无意地产生依赖伴侣的行为，借此让自己变得快乐和被爱。当伴侣问你为什么经常生气时，你会说："我的脾气都是你造成的，只要你不这样对我，只要你不这样做、那样做，我自然会没有脾气吧！"然后你还提高声音说："我快乐与否是由你决定的，如果你够爱我，我就不会那么辛苦了，我就可以快乐了，你看看你做的好事！"

然后，你的伴侣也相信了你说的话，因为伴侣对你的迁就，你们的关系好像变好了一点。可惜，你很快又发现原来对方还有很多改善的空间，你觉得，如果伴侣能够多做这个、多做那个，你才能更加快乐。当你发现伴侣的行为并没有与你的想法同步，而对方很快又恢复到以前的状况时，你会再一次陷入抱怨的状态。

当你认为决定你能否快乐是别人的责任时，代表你已经把自己能否快乐的主权交给了别人，你已经放弃了做自己情绪的主人。这种想法让你处于一种需要依靠别人的行为才能快乐的被动状态，好像你倾斜45度把身体靠在别人身上一样，只要别人稍微一动，你便很容易失去平衡，因为你的重心已经处于完全依赖别人的状态。

其实，别人是别人，是你无法完全控制的，你无法预计你所爱的人在每一刻如何想、如何做、如何选择，当你无意识地让出自己情绪的支配权时，你获得的快乐也只能是短暂的，因为当你正在感到快乐的同时就已经开始忧虑了。

你才是自己情绪的主人

要重夺快乐的控制权，你只需下个决心，对自己如此承诺就可以了："无论自己爱的人做了什么，没做什么，都不会因此而影响我的情绪，因为自己的情绪完全可以由自己决定。情绪只是反映想法的生理反应，只要我们能够改变自己的心态，放下自己的固有想法，便会改变对外在人、事、物的看法。"你会发现，经常让你不快乐的人或事其实没有变，变的只是你对待人和事的心态，你的情绪将不再轻易被这些外在因素影响。

如果你能够经常练习，就可以靠自己在外界的刺激下保持相对平和的状态，不易受外在发生的任何事情的影响和支配。下一次，当伴侣对你做了些让你反感的事情时，你很可能仍会有情绪的反应；可是，你很快便会察觉你才是自己情绪的主人，你可以通过放下你的想法来转变自己的状态，让情绪保持平静，如此你便能以最适当的方式应对当时的外在处境，产生最佳的效果。

你的快乐，真的可以由自己说了算。

你爱的人，你真的懂吗？

了解异性的最佳方法，就是在自己的爱情关系中多重视和观察伴侣的行为。

▸ 你爱的是个怎样的人？

▸ 了解男女差异的作用

▸ 如何了解异性？

▸ 不懂你，不等于不爱你

你爱的是个怎样的人？

你认为伴侣应该如何的想法，往往是引起你与伴侣之间发生误解，甚至冲突的真正原因。

大部分人都以为自己很了解伴侣，因为不会和一个不了解的人成为一对。当你在选择伴侣的时候，一定会尽量了解对方的背景、性格、喜好、经历、才华和理想等个人资料，以判断对方是否适合自己，因为你希望，你的伴侣是一个能够在以后的日子里，与你和谐共处的人。

可是，无论你已经掌握了对方多少个人信息，当你们度过了热恋阶段或相处已久，你们的摩擦就会愈来愈多，你会发现，原来你并不如想象般懂你的另一半。感觉好像是，你当初认识和选择的是一个人，而现在与你相处的已经是另一个人。然后，你会归咎于伴侣，你对伴侣说他变了，而且变得很多。你因此失去了安全感，你认为这都是对方的问题。你认为你们之间的冲突和困境是由另一半的转变造成的，然后你要求对方回到以前的模样，变回那个你以为很了解、很熟悉的人。

几乎相反的两性心理差异

其实对人的了解需要包含两个方面：一方面是个人性质的信息，这是结合一个人先天条件和后天经历的历史资料；另一方面是男女性别在心理及思想本质上的信息，这是大自然规律的一部分，是为了区分男女性别而设计的心理特征和取向。与两性的心理差异及其几乎相反的复杂程度相比，个人性质的信息就显得非常简单和易懂了。男女的心理很有普遍性，也就是说，男性的心理特征适用于世界上大部分的典型男性身上，相反亦然。你会说，这个世界不可能只有两种心理特征的人吧，因为好像每个人都不一样啊！没错，人类的确不只存在男和女两种心理特征，而是千百万种。

因为除了典型的男人女人外，大部分的人其实是游走于典型男女之间，即同时具备男女心理特征的人，而每个人男女特质所占的比例都有所不同。在这里，我们只谈最典型的男女差异，即处于两个极端的两性心理特征，而在两者之间的大部分男女，都是在程度上和比例上有所区别。所以，当你明白了典型是什么，就自然能够按实际情况明白在两极之间的男女差异。

当你看完这本书的时候，相信你对异性的了解会加深不少，你会发现，原来你认为伴侣应该如何的想法，往往是引起你与伴侣之间发生误解，甚至冲突的真正原因。当你真正接受你和伴侣的想法存在极大差异时，你自然会愿意打开耳朵倾听，敞开心胸包容这个与你想法很不一样的人。

了解男女差异的作用

了解两性心理差异，让你更懂得如何跟一切与你有互动关系的人相处。

两性心理的差异一直被我们的社会严重忽视，这与我们甚少从父母、学校，甚至朋友那里获得相关知识有关。大部分人都是在不了解两性差异的情况下开始和异性交往、结婚、生孩子，然后期望一个能够快乐和天长地久的相处过程。可是，对于需要长时间相处的情侣或夫妻来说，互相的不了解难免会造成很多误解，甚至产生互相排斥的心理、这往往是造成两性关系困局的主要原因。

如果你希望改善你的爱情关系，便需要了解男女的心理差异，而不光是对方的身份和背景等个人资料那么简单。对心理差异的了解，可以让你对另一半的想法和心理需要更敏感。你不会再轻易错误诠译对方的真正意图，你会知道在什么时候做什么事情就可以让对方乐上半天，令你的付出事半功倍。而当你的伴侣知道你真的懂他／她的时候，自然会给你更多正面的回馈。

其实，大部分在爱情关系中的男女，尤其是女性都希望自己的另一半能够了解自己的需要，这是一种让人感到非常舒心的生活体验，让伴侣产生你不能被替代的感觉，进而能够让对方更包容你的不足和缺点，大大减少在生活中可能发生的冲突。

与很懂自己的人沟通，是非常快乐的体验

如果我们从更高的视角来看男女差异，我们会发现，了解男女差异的最大作用是可以通过了解异性而了解人，因为世界上只有两种性别，数目大概各占一半。如果我们只懂自己的性别，最多也只是了解自己性别这一半人。而如果我们不懂地球上另外一半的人口，我们根本不知道人是如何思考的，对人的想法都只是片面的。

　　当你能够真正了解异性和自己性别的差异，才算真正地懂人，才会更明白具有整体普遍性的人类思维模式和价值观。这样，你会更懂得如何跟一切与你有互动关系的人相处，除了伴侣，还包括你的孩子、父母、同事、同学、朋友等等。

　　你完全可以运用你对异性的了解，大大改善你与伴侣的关系和状态，你爱的人会觉得你愈来愈明白他／她，这样，你的伴侣也会愈来愈主动去了解你的想法，你们会更愿意进行日常的深入沟通和互动。因为能够与很懂自己的人沟通或相处是一种非常快乐的体验。你们已经不光是情侣和夫妻，因为你们能够深入了解对方，你们会成为交心的好朋友，你们的爱情关系会进入一种前所未有的良性循环，变得愈来愈协调和美满。

如何了解异性？

了解异性的最佳方法，就是在爱情关系中多重视和观察伴侣的行为。

了解异性的最佳方法，就是在爱情关系中多重视和观察伴侣的行为。我们都会在亲密关系中直接或间接地表露自己的真实本性和需求，女性会比较习惯以间接的方式向伴侣表达意愿，因为男人普遍受制于逻辑思维，女人的口是心非很可能无法让男人解读女人的真实意向和需求。

对于大部分的男人来说，诉求没说出来，就等同于没有诉求；没有合理原因的诉求就是不应该的诉求。当女人抱怨得不到男人响应其间接诉求时，男人反而会说，如果你有什么需要，为什么不直接说呢？你不说，我又如何知道呢？ 如果你是一个

有恋爱经验的男人，我相信你不会对这些描述感到陌生。

男人要真正了解女人，要放下讲求合理与否的观念

男人要想真正了解女人，除了需要在自己的爱情生活中用心关注女人以外，更重要的是与女人相处的时候放下自己的固有观念，这些观念最起码包括男人的对错和凡事都需要讲求合理与否的观念。这些观念往往是造成男人接收女人真实心意的主要障碍，犹如一道坚固的围墙把你与女人的心灵分隔开。如果男人能够做到，那么他在接收女人信息的过程中才不会被自己的观念阻隔，让女人的说话、神情和身体语言背后的原意直接进入男人的心坎。

其实，对于男人来说，了解女人的最大难处只是"意愿"。只要你愿意真心倾听你的伴侣，女人的心自然会被你的诚意和爱意深深打动，然后她更会直接地向你敞开心扉。

女人要让男人明白你，要少让男人猜谜语

相对来说，女人要了解男人是比较简单的，只要女人多用心留意男人的行为习惯便可以了解男人的思维逻辑。

此外，在你认为你的男人不太懂你的时候，尽量把你的真正需要以你的男人能够明白的方式表达出来，少让男人猜谜语。作为女人，也请你在与男人沟通的过程中先放下"伴侣应该做什么才代表爱你"的想法，不然，在每次与男人互动时，你只会以你的固有想法去扫描他说的每一个字、每一个神情和每一个动作，当对方的想法与你一致的时候你会感到开心，可是，当对方的行为并非如你所想的那样，你便不高兴了。

　　除了在男女相处的过程中了解异性外，你还可以通过其他的途径学习，例如阅读不同的媒体的文章、网上论坛交流、翻阅关于两性心理的书刊、参加座谈会、多与一些有经验的朋友交流等等。

不懂你，不等于不爱你

如果你真的爱一个人，你反而不会太计较对方为你做了什么。

不懂你就代表不爱你吗？

如果你这样想，证明你不知道不懂异性的现象在这个世界是多么的普遍（尤其在一些男性主导的国家）。所以，不要简单地把伴侣对你的无知与对方是否爱你、爱你多少之类的疑问联结在一起，因为这样只会把问题复杂化，对你们的爱情关系并不会带来任何好处。

你投诉伴侣不懂你，难道你已经很懂你的伴侣吗？既然你也不是很懂对方，问问自己，你的不懂能直接反映你爱对方的程度吗？

不懂异性的差异其实只是一种很普遍的社会现象，没有必要与爱拉上关系。如果你真的爱一个人，你反而不会太计较对方为你做了什么。你只会更关心对方喜欢什么，并且给予对方更多的自由，对方的快乐就是你的快乐。当你只是关心伴侣是否懂你，而且只在意对方为你付出了多少，甚至在可能导致伴侣不快乐的前提下，你会不断期望对方为你付出更多，你关心的其实只是你自己。

男人不想女人了解他，女人希望男人了解她

其实，男人很少会期望自己的女人很懂自己，在男人的世界里，他们觉得没有必要让伴侣非常了解自己，因为，如果自己的女人很懂自己，反而会让男人觉得失去了需要的自我空间

和自由。相反，女人却普遍渴望自己的男人很懂自己，在女人的世界里，她们觉得男人对自己的了解是一种爱自己的表现，她们很容易把伴侣了解自己或对自己的细心程度和爱自己多少放在一个等式的两边。

然而，不希望伴侣太了解自己的男人，也不必抗拒了解自己的女人，因为你是男人，男人在男女之间需要扮演一个比较主动的角色才能让女人感到幸福，让关系更美满。如果你让你的女人觉得你很懂她，我相信你的女人会对你更信任和重视，她会更愿意给你更多的自由和男人需要的空间。

女人普遍都有一种观念，就是认为要找到一个真正懂自己的男人是非常困难的，甚至几乎是没可能的，所以女人一方面觉得很渺茫，一方面却在默默盼望和期待自己的男人，有一天能够成为最懂自己的人。无论如何，就算你的男人还未有任何迹象更懂你，也不必认为男人不够爱你，因为，男人和你的想法真的是南辕北辙的。

相爱，不等于懂得如何相爱

无论是什么技巧，无论是男人为女人做的，还是相反，相爱都必须建基在对异性特质和伴侣个性的了解上。

▶ 相爱容易相处难？

▶ 与缺席的人相爱

▶ 沟通就是一种相处

▶ 为何相处需要技巧？

相爱容易相处难？

相爱只是一种让你们走在一起的原因，而不是让你们能够快乐的方法。

两个人能够相遇，然后相爱，是一种缘分的牵引，从这个角度来看，相爱是容易的，因为如果没有缘分的引力在作用着，就算你多努力，也难以和一个与你没有缘分的人相爱，你最多也只能使用其他的手段把对方的身体留在你的身边，而你心里却很清楚，对方的灵魂并没有与你同在。相爱，是双方都爱对方的一种状态，是双向的，并非因为你的条件或你做了什么而相爱，那些都只是一些表面的原因而已。

什么是相处之道

既然相爱是那么神圣，那么，为什么这个世界上却有那么多相爱却不快乐，甚至天天感到受苦的情侣和夫妻呢？其实，相爱只是一种让你们走在一起的原因，而不是让你们能够快乐的方法。相爱提供了一个舞台给你们，让你们通过这个舞台上发生的经历来修炼自己的心灵。

对大部分人来说，因为不懂异性，所以两性相处的难度往往是非常高的，如果没有一定的相爱根基，在相处中遇到的一点困难，都很可能令双方感到气馁和失望，甚至会因为伤害太深而放弃关系。

所以，相爱的状态为男女相处提供了基础和燃料，让他们在相处的过程中产生动力和保持耐性，不断给他们回心转意的意愿，让他们不易放弃。

要让两性相处变得容易，首先，你需要了解两性的心理差异。然后在相处的过程中，通过每个与伴侣互动的机会，学习以体谅代替埋怨、以沟通代替争吵、以包容代替批评。

有一天，你甚至不再需要什么相处之道，因为你的心态本身就是相处之道了，你一切的思言行都会自然地反映着内心。到了那个时候，无论你的伴侣做了什么、不做什么，你都能够处于一种和谐和平衡的心理状态，能够完全包容对方的一切，而你的伴侣自然会被你影响，也会更愿意主动了解你的想法，更乐于以类似的心态与你相处。你的改变也改变了你们的关系。

上天只能把缘分交给你们，而你们能否通过与伴侣相处的过程，通过调整自己的心态和放下自己的固有观念悟出一套真正适合你们的相处之道，将决定你们能否在今后的爱情关系中不费力地获得真正的满足和快乐。

与缺席的人相爱

爱情，是需要持续保温的，不然冷却了的爱并不一定能够回到原来的热度。

相爱是两个人的事，是一种动态的交流关系。然而，不少人在相处中并没有真正与伴侣的心同在，可以说，这些情侣或夫妻并非真正处于一种相爱的状态，他们好像只是选择了一起过日子而已。

当两个人都习惯了以这样的心态生活，开始的时候问题可能仍不算很大，但当发生了一些摩擦以后，一方或双方长期缺乏关爱的伤口就会被触及，甚或会对关系造成很大的破坏力。在伤痛的过程中，大家都会回想过去的关系，却没发现太多可以让自己留恋的片段。一段本来可以美好的感情，很可能会因为双方长期缺席于相爱状态而告终。

相爱的男女如果只在关系刚开始，或刚结婚的阶段才重视关系，是难以维持相爱状态的。所以，不要因为已经相爱而认为不需要在相处的过程中为持续关系加油。在漫长的爱情关系中，相处是爱情的真正挑战和考验。很多本来相爱的情侣或夫妻，都是因为不懂和不重视相处的过程而无奈分手。

女人真正需要的，其实是与她保持心灵联结的状态

我们经常会听到女人投诉男人没心肝，经常心不在焉，老是想着伴侣以外的人和事，女人因此而感到非常困扰，就算给女人一辈子都用不尽的物资，久而久之，女人也会因为长期缺乏被爱的感觉而感到寂寞和难受。

　　而男人会说，我需要赚钱养家，工作已经占了我大部分的时间，难道还要做这个、做那个来讨好女人吗？这个想法在男人的世界是非常普遍的，男人觉得自己是站在对的、合理的一方，认为女人对自己却是过分索求，错的都是女人，所以需要改变的是她——这就是一种导致男女关系陷入相处困局的常见观念。

　　男人认为只要天天回家，让女人能见到自己就好了。而真正爱你的女人所需要的并非你的身体在她的身旁，更加不是你的钱，而是你用心的关注。一种能够与女人保持心灵联结的状态，一种互相关怀、互相重视、互相需要的状态，才是你的女人真正需要的。

　　在这个年代，不少女性在事业上都比自己的男人强，同一道理，如果你能与男人的心保持同在，主动跟他沟通和给予关怀，一切的误会和猜忌都可以化解。你除了事业成功外，还是一个能够让自己的家庭成功的人，你心里明白，这才算是真正的成功，你比谁都强，因为你能够成功地兼顾家庭和工作。

　　爱情，是需要持续保温的，不然冷却了的爱并不一定能够回到原来的热度。

沟通就是一种相处

男女之间最重要的沟通方式，是建立如交心朋友般的一种沟通和互信关系。

不用我多说，大家都明白沟通是多么重要，而沟通在爱情关系中的作用更是举足轻重，因为沟通是让两种不同能量互相交流的过程。作为一种最亲密的关系，情侣或夫妻可以通过态度、神情、感受、话语、动作，无时无刻地与伴侣进行全方位的沟通。

及时清理摩擦造成的负能量

无论是什么原因，当两个人发生大小冲突的时候，请谨记：要在冲突结束及在对方情绪平复以后尽快进行沟通，把冲突的起因找出来，这样做的目的并非要找出谁对谁错，重要的是让大家都愿意在冲突以后以平常心、不带批判地检讨冲突，观察引起冲突的原因，并从这次经历中学习如何避免同样的冲突再度出现。在检讨以后，别忘记给伴侣一些言语或行为上的鼓励和感谢，让对方感到这样做是快乐的，而不是一种秋后算账式的责任追讨。

这样做的真正目的，其实是把冲突遗留下来的负能量清理掉，不让这些负能量存积在你们的隐藏记忆库里面。很多情侣或夫妻因为没有及时清理每次摩擦造成的负能量，而容许它们一直堆积在自己的潜意识里面，当日后发生摩擦的时候，便很容易因为触及这些堆积如山的记忆碎片，而引发不可收拾的大冲突，而这种具有破坏性的冲突本来是可以避免的。

真诚沟通，让爱的能量自由流动

沟通其实可以通过很多不同的方式进行，而男女之间最重要的沟通方式，是建立如交心朋友般的一种沟通和互信关系。无论何时都尝试对自己爱的人说出心里话，让对方感受到真实的你，而不是你想让对方知道或认同的你。

男女的沟通方式并不限于语言，一个拥抱可能更胜千言万语，甚至能产生一种深层次的心灵互动，让你感受到对方与你同在的状态。有效的沟通能够除去隔在你们之间的人工屏障，让爱的能量能够在两个相爱的人之间自由流动，长远来说，会直接提升你们的感情和相处的质量。

在日常生活中多说几句关心对方的话，能够增加生活情趣，也能避免误会和小摩擦的发生。和伴侣一起思考和讨论一些思想性的话题，可以让你更了解对方想要什么、重视什么和对不同事物的价值观，让你与伴侣所想的更同步，大大减少因为互相不了解而产生冲突的机会。身体的沟通可以让你们的感情如鱼得水，让对方能够感受你的爱意和关怀，增加伴侣的安全感。

多以心真诚沟通，简单的沟通方式也可以产生显著的效果。无论结婚与否，沟通本身就是一种重要的两性相处之道。不妨把沟通作为改善爱情关系的一个新起点，看看会有什么效果出现吧！

为何相处需要技巧？

技巧是一种调味料，为本来缺乏生气的关系添加了活力和色彩。

两性相处是一种生活的艺术，因为你需要经常和一个与你很不一样的人走在一起，你需要一个了解和磨合的过程才能建立更和谐的关系。除了相处的心态，你还需要懂得一些与伴侣相处的技巧，这些技巧将更容易让你看到效果。正面的响应让你产生继续下去的动力，负面的响应则让你发现调整的需要和检讨原因。无论如何，你都会变得更有希望和信心，你会通过伴侣的反应加深对伴侣的了解。

技巧是一种调味料，为本来缺乏生气的关系添加活力和色彩。对女人来说，相处的技巧比其他的理论和心态来得更直接和重要。因为女人需要看得见、听得到、摸得到的爱，而不只是停留在语言，甚至只是思想上的爱。技巧，尤其是如何让女人觉得被爱和重视的技巧，会特别容易让女人欢心。所以，男人如果能够花点心思在营造相处技巧方面下点功夫，女人会因为你的行为而感到窝心。

别把外在技巧，看得比自己内在提升更重要

女人别以为和男人相处是不需要任何技巧的！当你能够善用技巧，你们的相处将会变得更和谐和舒服，让男人更愿意投入其中。问题只是如何把握得宜，起码你不能以女性的标准来对待男人，因为男人的心理需要和你是很不一样的，你认为最有效果的技巧他可

能觉得很无聊，甚至会受不了，所以女性在学习技巧方面要特别小心。无论是什么技巧，无论是男人为女人做的，还是相反，都必须建立在对异性特质和伴侣个性的了解上。技巧必须发自真诚才会自然，如果只盲目从书本和别人的经验中硬搬过来，效果必然大打折扣，甚至会产生反效果。

然而，在男女的相处中，我需要特别强调，技巧并非最重要的，因为技巧只是在表面上下功夫，所以无论你的技巧如何出神入化，都千万别把外在技巧看得比自己内在提升更重要，那是本末倒置的。

相处真正的成就是无论你做了什么、不做什么都没有分别，因为两颗心会自然联结在一起，是一种只有爱而不带条件和期望的状态。在到达这个爱的殿堂以前，如我所说，技巧是有其正面作用的，可以把你们领到一个更和谐的相处空间，让你更容易了解对方的真实需要和想法，令你更有动力经营你的爱情关系。

chapterII

快乐，由你做主！

　　只有你才能决定自己可否在爱情关系中感到快乐，因为从来没有任何一个人或一些经历可以令你感到不快乐，除非得到你的容许。

　　当你认为自己的快乐与否是由别人的行为决定时，你将难以获得快乐，因为你已经把快乐的主动权交给了别人，然后，你还会把自己看成是关系的受害者。如果你现在无法在爱情关系中感到快乐，其实你可以通过重新选择自己的心态和行为而获得快乐的感受。

　　让转变由自己开始，因为你完全可以通过自己的改变而改变你的世界。你的快乐，其实只能由你做主！

给女人的建议

女人就像魔术师，如果你令你的男人猜不透你下一个戏法，你的男人一定会对你更着迷。

- ▶ 善用男人的自尊心为你服务
- ▶ 为了自己而付出
- ▶ 别按下男人的死穴！
- ▶ 以柔制刚是硬道理
- ▶ 你能吸引自己的男人吗？
- ▶ 要给男人多少空间？

- ▶ 在镜子中发怒的你
- ▶ 成为男人的三个身份
- ▶ 妻子的宽恕课题
- ▶ 向你的男人，说出你的感受
- ▶ 女人的真正幸福

善用男人的自尊心为你服务

聪明的女人会善用自己男人所需的面子和自尊心为她服务。

从小到大，男人都受到"男儿有泪不轻弹""男儿膝下有黄金"的传统观念影响，所以，大部分的男人都希望在别人，尤其是自己的女人面前扮演一个强者的角色。

男人的自尊心，是很脆弱的心理结构。

男人认为，一切在世俗眼光中被定性为软弱的行为，都不是男人应该做的事情，例如流泪、害怕、认错，甚至只是对自己爱的人说句"我爱你"，都可以被男人列入触碰自尊心的范围，而且自动会被男人的内心排斥，起码他觉得在自己的女人面前不应该做这种有损面子的事情。这种要维护自尊的心理需要，构成了大部分男人的核心价值观，是不可被随便动摇的。

女人要明白自尊心对男人的重要性，才能知道如何与自己的男人和谐地相处。其实，谁都知道人的能力高低并不是以性别来区分的，世上有很多能力很强的女人，也有不少能力很差的男人，这是大部分男人都清楚，却并非每一个男人都愿意承认的。

这种传统的大男人观念，在这个时代对男人的心理仍然发挥着一定的作用，所以，有部分男人的内心还是盲目地认为男人应该比女人强，而绝大部分男人都会觉得有责任照顾好自己的女人，也因为这样，男人认为他无时无刻都应该得到女人的尊重。

一般而言，男人对自己的自尊心是非常敏感的，其实，这是一种很脆弱的心理结构，很容易会因为女人的一句无心快语而受到极大的伤害，所以，当你说的话或者行为无意地触及了他的神经时，他就会不顾一切地反击你，直到你承认做错为止。

为男人提供表现他的能力的机会。

当女人遇到问题时，可以多向男人诚恳地求助，最好是你认为男人比较喜欢和擅长的事情，例如对一些问题的逻辑分析和解决之道、对时事的见解、家用电器的接驳、搬动重物、开车时寻找方向、协助停泊车辆、处理有危险性的事情，等等。

每一次当你请求男人帮忙，你的目的除了是解决问题的本身外，同时给予对方一个可以让他表现自己能力的机会。如果他做得不错，你要真心地肯定他的成果；如果你认为他做得不那么好，也要尽量感谢对方为了这件事而付出的尝试和努力，要懂得感恩，而不是抱怨。

如果你希望经常和男人有更有效果的沟通，并希望减少与男人在生活中产生冲突，你可以尝试尽量把虚荣的面子让给男人，让他在心底里期望比你强的虚荣心得到满足。你在说话的动机和态度方面都要尽量维护他的自尊心，这样，男人才会更容易接受你的意见和更愿意倾听你的其他诉求。退后一步反而让你走得更快，令你得到更多真正想要的效果。

聪明的女人会善用自己男人所需的面子和自尊心为她服务。

为了自己而付出

你会更用心地把作品做出来时，并不会太计较为了做好这个作品而付出了多少。

你是否经常觉得，你对男人的付出远远超出了男人对你的付出呢？

你是否一直在期待着对方会主动回报你所付出的努力呢？

可是，你却发现，对方给你的回报往往不能满足你的期望。很多女人都会因为自己为伴侣付出太多而觉得不公平，好像维系这段爱情关系的责任，都落在自己一个人身上似的。你愈这样想，就会愈不服气，继而对男人的埋怨亦会愈多，甚至不想继续为对方付出。

然后，你会变得失落，你会等待对方先为你付出，才决定你以后应该如何对待对方。可是，你知道吗，当这样的心态出现时，你永远都等不到你所期待的那一天，对方并不会因为你决定不再付出而付出更多。

相反，如果你能够把心态转变——你的付出不再是为了对方而只是为了你自己的幸福，你在心态和行为上，便不会那么计较已付出了多少，也不会期望得到对方多少回报，这样，对方很可能会因为感到你为他无条件地付出而转变。别把感性的爱情关系看成是某种意义的交易行为，爱的关系好像必须带有条件，其实，真正的爱是无条件的。

别等待对方先为你付出！

两性相处之道是一种心理和行为艺术，当你明白这是一种艺术，就会更努力学习和更愿意给自己更多磨炼的机会。为了你自己的幸福，你会主动培养自己对这种艺术的耐性和兴趣。这样，你会更用心地把作品做出来，并不会太计较为了做好这个作品而付出了多少。当你的作品能够得到别人的欣赏，你所得到的回报将会赋予你更大的激情，让你更有动力为关系努力，完成更多更好的作品。

你觉得你现在的爱情关系能给你期望的幸福吗？

如果还没有，你已经找到了一个改变自己和主动付出的理由了，你还等什么？

别按下男人的死穴!

不要把丈夫的表现和其他男人作比较,你的无心快语很可能会直接刺痛他的神经中枢!

"男儿膝下有黄金",这句话反映了自尊心对男人的重要性。男人的自尊心是他们从小到大被教导和社会环境培养出来的观念,是非常根深蒂固的。很多男人都会把自尊心放在最优先的位置,这是男人的主流价值观,尤其对事业有成的男人自尊心更为重要,所以女人不必太介意男人有时候把面子看得比自己还重要。

理智的男人也会变得很不理智

有些女人很聪明,她会要求有大男人性格的男朋友,在公众场合跪下来向她求婚,这个行为确实对男人突破面子的底线有点帮助,或多或少可以让男人在结婚以后不会经常把面子放在比你还要重要的位置。

本来很理智的男人为了维护自己在其他人面前的尊严,有时会变得很不理智,会不惜一切地反击任何损害他自尊心的人,当然也包括自己的女人。

如果你希望减少和男人发生冲突的状况,做一个让男人觉得更窝心的伴侣,记得在别人面前,一定要特别注意维护男人的面子,不要在人前批评他的不是,或说一些有可能会伤害他自尊心的话。

遇上问题时,你可以私下和他倾谈。如果事情是急着要办的,你甚至可以发信息给他,反正要尽量避免公开批评他,一切以维护他的自尊心为前提。当你能处处在人前照顾他的面子时，他就会更愿意在私下接受你的意见，并会报答你对他的细心和体谅，你们的沟通很可能会因此而得到改善。

与男人相处的艺术

此外，如果你觉得男人的确在某些方面需要改善，你可以婉转善意地提醒他，要多鼓励和相信他能够做好而不是责怪他，也不要期望他下次一定能够达到你的目标。如果你对男人不满意的地方牵涉他的智力和赚钱能力方面，记得千万不要把你自己男人的表现和其他男人作比较，你的无心快语很可能会直接刺痛丈夫的神经中枢，等于用尽全力按下他的死穴一样。当他的自尊心受到严重的伤害时，他会本能地反击你，沟通的大门就会被关上，关系也会因此受到比较大的影响。

别误会！我的意思并非要你做一个虚伪的女人，我只是告诉你如何做一个懂得满足男人本能心理需要的女人，这是一种需要学习的相处艺术，你通过你的心态和技巧让他更珍惜你，愿意为你付出更多，与你沟通他的感受。双方对关系的付出和互动都会因此而不断增加。

以柔制刚是硬道理

女人最强的武器，就是柔性的本质。

作为女人，其实你最强的武器是你的柔性，你要善用女人柔性的本质才能克制男人的刚性。在有需要的时候，你可以哭、可以撒娇，甚至可以引诱你的男人，目的就是通过你作为女人的柔性本能地把男人的刚性溶化，让男人觉得你需要他的保护、希望得到他的照顾、向他求助等等。男人对自尊心的本能防卫自然会被你柔软的表达方式溶化，这样，你就会比较容易达成所望。

要善用你天生的强项，去改善爱情的关系

无论你的男人是大企业老板、大学教授、政府要员，还是什么身份，女人表面柔弱的特质自古以来都是克制男人的最强武器。为了改善你的爱情关系，你要学习善用你作为女人本来就具备的强项。男性往往是主动的，女性往往是被动的。

主动和被动并没有好坏之分，这只是上天给两性各自的分工方式和特性。男女在生理方面的差异也反映于心理，所以，男人比较喜欢在两性关系中扮演比较主动的角色，而女人却比较喜欢被动的角色，这是自然的现象。凡事合乎自然规律，才会有更大机会产生更好的效果，在男女的相处方面也不例外。

在这个年代，愈来愈多聪明的女人喜欢逞强，她们比较好胜，甚至喜欢和自己的男人作比较。可是，她们大部分并不是真正快乐，起码在这种比较中并不一定得到真正的快乐。

活得被动，真正满足你的内在需要

无论你认为你的智慧和能力比你的男人强了多少，你要做主、你要赢、你要强，都是一种对外的好胜心理，这种心理的强度很可能已经完全盖过你对自己内在需要的觉察。作为一个女人，当你能够长期处于爱情关系中的被动位置时，反而会让你获得一种被照顾、被关怀、被爱的幸福感，从而真正满足你的内在需要。

女人，请多善用和享受你的被动，这是一个比较灵活多变的位置，让你在关系中更能收放自如。你可以接受你喜欢接受的，对不喜欢的只需不接受便可。被动的心态永远让你处于一个安稳的心灵基地，你一样可以通过你的智慧，间接帮助和影响男人的决定，使你成为一个无名英雄，永远站在一个可攻可守的有利位置。你的被动让你更能发挥智慧，使你不会再因为逞强而直接伤及男人的自尊心和你们的感情。所谓"英雄难过美人关"，天生喜欢主动的男人虽然在很多方面都要显得比你强，诚然，男人如何强也终究敌不过你的弱。以柔制刚就是指，女人在适当时候的撒娇，往往具有四两拨千斤的威力。你的被动反而帮你赢得主动和幸福，女人的真正智慧其实藏在与生俱来的被动和柔软之中。

你能吸引自己的男人吗?

如果能够让伴侣更满足,你也会感到更满足,得益一定是双向的。

就算你的男人非常爱你,他也是一个男人,他也有本能的需要,无论已经结婚与否,他对女人的欲望和幻想并不会因为结了婚而消失。如果他在这方面需要长期压抑自己的需要和欲望,那么他到外面寻找满足感的机会自然会增加。所以,如果你希望能具备多些吸引自己男人的条件,你可以保持给予男人更多的新鲜感,外表的新鲜感只是其中一个重要部分,包括打扮、发型、身材等,其实,外表的吸引力,会随着年龄愈长而变得愈不那么重要。其他能够营造新鲜感的方面包括你的心态、兴趣、话题、对性生活的态度、谈吐、厨艺或想法等等。这些都是可以通过学习和努力做到的,只要你愿意。

诱惑自己的男人

你就像个魔术师,如果你令你的男人猜不透你下一个戏法是什么,你的男人一定会对你更着迷。但是你要把握变化出现的节奏,如果新的变化来得太多太急,反而会让男人吃不消。

你亦无须担心可以营造的新鲜感会愈来愈少,因为人的需要是不断变化的,你和男人的需要也会随着年龄和经历而改变,所以,制造新鲜感的空间是无穷无尽的。你能给伴侣的新鲜感,并不会因为年纪大而失去,相反,你们会因为愈来愈了解对方,而更懂得使生活变得更有情趣。

结婚以后的女人会以为丈夫因为爱自己,便能够抗拒所有女人的诱惑。其实，做了丈夫的男人也是男人，虽然结了婚的男人一般会变得比较理智，可是，理智的控制只是短暂的，而且需要客观环境配合才能产生效果。

当出轨的条件都具备时，若这时候刚好也出现诱惑，那么男人好色的本性很可能会战胜男人经不起考验的理智。很多出轨的男人都是因为在诱惑面前无法按捺欲望而被征服的。而当男人走出了第一步，加上原有关系一直没有好转时，男人的理智会变得更加脆弱。

让男人的理智发挥更大的作用

作为女人，难道你不想成为一个对自己的男人富有吸引力和诱惑的女人吗？

无论你现在的条件如何，都请发挥你的想象力，究竟如何可以让自己更有吸引力？你完全可以让自己在某方面保持新鲜感，从而提升男人对你的想象和欲望。这样，你便增加了他接受外面诱惑的机会成本——可能失去你的代价，让男人的理智发挥更大的作用。

你要知道，如果能够让伴侣更满足，你并不会因此而吃亏，因为，你自己也会感到更满足，得益一定是双向的。

要给男人多少空间？

女人要让男人完全明白给予他足够空间和自由，是为了证明对他的信任是正确的。

现在大部分的女人都对自己的男人管束甚严，天天看着男人的电话社交对话，经常要求丈夫报告行踪等等。一般来说，男人对女人这种过度的监管是非常反感的。如果长期如此，男人会慢慢摸透女人的管制方法和规律，然后就会想办法刻意避开女人的跟踪；当他的反跟踪方法成功以后，男人便会更珍惜仅有的自由空间，因为自由变得更难能可贵，所以他对出轨的欲望反而变得更大。

话虽如此，女人也不可以无限地给予男人自由和空间，这样，男人会很容易滥用自由，尤其是对于定力不够的男人，反而是增加了他们出轨的机会。

所以，女人要懂得拿捏给予男人自由的分寸，你给他的私人空间不能太紧，也不能没有。一方面可以让他知道，你会很关心他如何使用其自由空间，另一方面，你可以清楚地向他表达你愿意先付出你对他的信任，让他得到足够的空间和自由。至于这个平衡如何把握，就视乎你们的关系和男人的具体状况来调整。关键在于，你要让男人完全明白你给予他足够的空间和自由，是为了证明你对他的信任是正确的。

如何减低男人出轨的机会

如果你希望减低男人出轨的机会，可以在平时的生活中多向男人暗示你对他出轨的看法，让他知道大家可能要承担的后果。但是，你最好不要说你会因为他出轨而分手或离婚这样的假设性结论，因为他会把你所说的视为一种威胁性的警告。对某些性格比较刚烈的男人来说，这很可能会造成反效果。

比较高明的方法是引发丈夫对你的同理心和感受的重视，你可以多谈谈如果丈夫真的出了轨对你的心灵和感情所造成的伤害。多围绕你的感受发挥，让他能提前感受到他的出轨行为对你可能造成的痛会是怎样的。如果丈夫很在乎你的感受，当他下次面对外面的诱惑的时候，自然会回想起你的提醒，并能感受到你的痛，也会比较有动机去克制自己出轨的欲望。

让男人清醒地衡量做事的分寸

此外，你也可以用肯定的语气预先赞赏伴侣是个了不起的男人，表示你相信他不会做任何伤害你的事。虽然只是一句没有事实根据的声名，但聪明的男人往往能够完全接收到你说话背后的重要含义，而不失你的大度。

你不经意地让男人明白他需要负的责任，和在出轨以后可能需要付出的代价，虽然你的表达方式并不是那么直接，也不像一个警告，其实已经能够达到很好的提醒效果。你不经意地让男人明白了你对他的信任，以及他的责任和出轨的种种代价。其实，你已经恰当地拿捏了给予男人的空间，利用退一步的沟通智慧把男人出轨的风险有效降低。

当男人在获得自由空间的同时也明白了自己的责任时，他的理智就会发挥作用，自然会更清醒地衡量以后做事的分寸。

在镜子中发怒的你

如果你一直放纵自己的情绪，养成发脾气的习惯，就会不断增加男人被其他女人勾引的机会。

女人普遍比较感性。当你感觉不好的时候，会比较容易出现负面情绪，这时你自然很希望伴侣能知道你的状态，然后给予安慰和关怀。可是，当你发现原来他并没察觉你的情绪或不开心的原因时，你的心情会变得更坏，你很可能会以发脾气的方式向伴侣表达你的感受。这时候，你可能不再是为了原来让你不开心的原因而生气，而把生气的矛头指向了伴侣，变成了对他疏忽你的不满。

你想让你的男人看见这样的你吗？

如果你对以上我所说的情况感到很熟悉，我建议你在下次想发脾气的时候，先跑到镜子前面看看自己的样子，你会看到伴侣将看到的你，一个比原来的你难看得多的你，你喜欢这时候的自己吗？

可以想象，如果你经常在你的男人面前展现这个样子，你觉得你会给他留下一个怎样的坏印象呢？久而久之，在他的心中，你发脾气的形象会慢慢取代你原来在他心目中的形象，你觉得这个改变会对你们的关系有任何好处吗？

作为女人，你不是一直很在意如何在你的男人心中留下一个更好的印象吗？

你知道吗，你生气的样子与你的愿望背道而驰，所以，如果你下一次想发脾气的时候，先考虑一下是否愿意给男人看到一个让他难以忘怀的样子，一个你不希望令对方留下任何印象的样子。这个想法将可能让你马上平复情绪。

吵架是正常，却非必然

男女吵架是经常发生的事情，你可能会觉得在每一次吵架以后，你们始终可以和好如初，你甚至开始觉得这是你们的一种正常的相处方式。其实，这种想法并没有错，尤其在夫妻刚结婚的时候。

吵架是两个完全不同的人在一起生活所必须经历的磨合过程，的确能够发挥加深了解对方的作用；可是，当你们已经是一对结婚多年的夫妻的时候，如果还和以前一样经常吵架，就并非一种很正常的现象，而是一个值得认真检讨的相处问题。

男人没用义务一辈子都忍受你的脾气，每个人的容忍度都是有极限的。虽然男人不一定会因为你的脾气而不再爱你或离开你，可是，你一直以来的坏脾气会给他留下一个难以磨灭的坏印象，并对关系构成一定的负面影响。

是你令第三者有机可乘

因为没有人喜欢经常被人责怪和抱怨，如果你让伴侣经常承受你发脾气的恐惧和压力，他的心就会离你愈来愈远。当有一天外面出现了一个在这方面与你完全不一样的女人时，你的男人就会更容易被那个脾气很好的女人吸引了。

如果你一直放纵自己的情绪，养成发脾气的习惯，就会不断增加男人被其他女人勾引的机会。就算这个女人从来不会出现在你们之间，他很可能只是无奈地忍受这个事实而已，他其实一点也不快乐。

　　如果你是一位经常向自己男人发脾气的女人，你原来在男人心中的那个美丽和贤惠的形象很可能会变得非常模糊，这是你想看到的吗？

成为男人的三个身份

如果对方的各种需要，都被不同身份的你满足，他的心还会离开你吗？

有没有想过，你和丈夫的关系是否只能是夫妻呢？

你认为在丈夫的心中，你是否只是一个妻子的角色？

你会问，除了作为他的妻子外，还能是什么角色呢？

妻子、情人、好朋友

其实，大部分结了婚的女人都只会扮演妻子的角色，她们认为光要做好妻子的角色已经不容易了。她们并不知道，其实男人对女人的需要，并不限于妻子这个身份那么简单。在男人的内心里，很可能会期望自己的妻子能够同时成为另一些身份的人，包括只存在于他梦想中的人。

如果你希望你们的夫妻关系能够有非比寻常的成就，只扮演妻子这个你一直以为唯一的角色是不足够的。 其实，除了妻子以外，你还可以扮演你丈夫的情人和好朋友角色，能够兼任这三个身份将会对你们的夫妻关系有非常大的帮助，因为你可以充分地满足男人在不同方面和时候的需要。如果对方的各种需要，包括生理、心理和心灵方面都能被不同身份的你满足，对方的心还会离开你吗？

要做到这一点，首先，你需要调整自己，学习和想象扮演其他身份的心态，你的行为自然会因为心态的改变而得到调整。

想象一下，你现在是一个与男人相爱的情人，你会如何对你的另一半呢？

你会很重视每一次见到对方的机会；你会更愿意无条件地奉献你自己让对方快乐；你会表现得更主动地付出；你不知道你们的关系有没有未来，所以你会更懂得珍惜和对方在一起的每一刻；你会知道做什么来增加你对男人的吸引力，更懂得满足对方的各种需要。

想象一下，你现在已经成为男人的好朋友，你又会如何对你的另一半呢？

你会很喜欢与他聊天、深入沟通；主动发掘伴侣感兴趣的话题；你很愿意在男人感到烦恼的时候，倾听他的心事，给予安慰，为他分忧。作为男人的好朋友，你会变得更客观，你会留意对方的想法和需要，但不会过度干预，你会变得更善解人意。

妻子的身份独一无二

当然，你并不需要在同一时间扮演这三个角色，这是不可能和没有必要的。你要做的只是为自己增添一些看待和满足男人潜在需求的角度，和因而衍生的心态和行为。你的这些无形身份，能够有效减低你的伴侣向外寻求满足的需要和理由，你们的关系自然会变得更丰富和稳固。

不过，你亦不必无时无刻地想着如何当另外两个身份，而忽略你原来的身份。不要忘记，妻子才是你最重要的身份，是令你变得独一无二的身份。我只是让你看到，原来你还可以从心态上扮演其他不同的身份，让你知道要成为一个男人心中的理想妻子的一种途径，而最适合你的途径当然需要视乎你的男人和你们现在的关系而定。

问问自己，你正在扮演着哪一个身份，你认为已经足够了吗？

妻子的宽恕课题

能够让你持续停留在伤痛之中的原因其实只是你对过去的他的执着想法。

当你认为丈夫做了些出轨的事情时，会有什么反应？

我相信，大部分的女人第一时间都会大吵大闹，因为无法接受丈夫的行为，会觉得受到很大的伤害。你的逻辑是，如果丈夫很爱你，他不可能会刻意做一些让你如此难过的事情，所以你无法原谅丈夫。即使你口头上已经原谅了他，但心中的那根刺好像永远都不能被拔出来，让你不时隐隐作痛。 而这根刺往往成为你们下一次吵架的导火线，也是你们每一次冲突升级的助燃剂。

怨恨的负能量，包容的正能量

时间久了，其实你也希望能够放下对丈夫的怨恨，可是，你就是放不下来；当每次与丈夫发生小冲突时，那根刺都会不断提醒你曾经承受的伤痛，让你继续抗拒丈夫的一切。表面上，虽然你对他表示原谅，而你怀着怨恨的心却让他的心愈走愈远。你不断抗拒丈夫当初做错的心态让那根刺在你的心中插得更深。同时，你的丈夫会认为，反正如何改变都不会得到你的真心宽恕，结果他希望改变的意图便欠缺动机和动力，再次出轨的概率也会因为这种绝望的想法而增加。

如果你们还是相爱的，拔掉心中的刺的唯一方法就是接受刺的存在，接受已经发生的事情，接受丈夫已经做过的行为。你的接受必须是发自内心的接受，一种毫无保留、全然接受事实、不加主观批判的心态。你的接受并不代表你认同对方所做的行为，更不是纵容对方。真正的接受缘自爱，爱的真实本质能够让你超越一切恐惧和仇恨。抗拒的想法令你充满怨恨的负能量，而全然的接受和包容却会令你充满爱的正能量。

重要的人生课题

其实，每个人都会因为人生的经历而改变，无论是有意识的还是无意识的改变。去年的你在心态上已经与今天的你不完全一样了，每天的你都可以是全新的你。一个想法的改变也足以影响一个人的一生，而今天的他也很可能会与你心中的他不再一样。这样，你便会变得更清醒，你才更可能看清楚今天的他究竟是怎样的。能够让你持续停留在伤痛之中的原因其实只是你对过去的他的执着想法。

你能够接受现在的他的心态，来自你对丈夫比较深层的爱；而让你感到极度痛苦的经历，往往能够让你触及这个层面，你会知道这个层次的爱是无条件的，和你经常对丈夫斤斤计较、凡事讲条件的心理需要是截然不同的。当你让爱的力量完全展现出来，你自然能够无条件地完全接受和包容对方。你会发现，无论心中的刺有多少、有多深，爱都可以把它彻底溶化，让你的伤口愈合。

当你的丈夫出了轨，在你感到极度愤怒和伤痛的同时，请谨记这个经历的本身也是一个让你能够学习真心宽恕的机会，是一个对你来说非常重要的人生课题。

向你的男人，说出你的感受

当你的另一半能够通过你们之间的沟通方式得知你的想法时，他才有机会选择是否满足和如何满足你的需要。

其实，很多男女之间的问题都是因为缺乏沟通和不懂沟通导致的。很多男人都搞不懂女人为何经常会无故生气，因为男人不知道原来女人并不喜欢把自己的情感需要说出来，而是期望自己的另一半能够主动察觉；更有甚者，在男人察觉不到她的真实需要时，便把男人判了死刑。当女人已经忍不住把真心话说出口的时候，她的情绪其实已经变得比较负面，这时候的沟通已经变得比较困难。

女人可能会习惯性地把自己的想法和需要藏在心里，同时又会主观地期待男人能够明白你的想法，例如期望男人今晚不加班陪你吃饭等等。你以为爱你的人自然会懂得你的心意，当男人让你失望以后，你认为这是他对你不够关心和不够体贴的证据，因为你觉得自己的伴侣是不可能不清楚你的需要的，除非他根本不重视你，故此这种想法就成为你生气的真正原因。

可是，男人的逻辑并非跟女人一样，他会认为如果你有什么需要，尤其是你认为重要的需要时，就自然会说出来；当你从来没有向他表达你的想法时，男人便会假设你已经满意或没有需要了。很多时候，男人只是因为他对工作的专注而遗忘或忽略了你的需要，他根本不认为自己做错了什么。所以，你会发现，当你生气的时候，他有时候会觉得你是无理取闹，其实，他只是不明白你为何会突然闹情绪，并迁怒于他。

主动提醒男人你的内心感受和需要

如果你希望减少和伴侣的冲突，可以尝试多主动地提醒他你的内心感受和需要，真诚地寻求他的关注和帮助。如果你真的习惯或觉得你应该被动一点，你也可以在他比较留意你的时候多给他暗示，让他有机会与你的想法保持同步。当你的另一半能够通过你们之间的沟通方式得知你的想法时，他才有机会选择是否满足和如何满足你的需要。这样，你会发现，原来你可以让自己的男人更明白你的需要和感受，同时，你和另一半的关系一定会变得更甜蜜。

其实，不懂两性心理差异是造成男女沟通障碍的重要因素，男女却偏偏需要在不懂异性的情况下与异性相处，这也是情侣和夫妻经常会发生冲突的根本原因。因此，你可以做的并非先等待你的男人把你搞懂，而是由你开始尝试了解男女的心理差异，然后尝试改变自己的心态和沟通方式。你完全可以制造一些让男人更懂你需要的沟通途径，自主地拥有更快乐的感情生活。

女人的真正幸福

当女人事业成功而爱情却是一片空白时，她只会以更多的工作、更多的物质来麻醉自己，设法让自己暂时回避内心的真正渴望。

让我最敬佩的女人是那些懂得幸福的女人，她们的共通点是拥有一个和谐幸福的家庭。这些女人并不限于只扮演家庭主妇的角色，她们可以是需要上班的职业女性，也可能是在事业上独当一面的老板。无论是何种身份的组合，她们都很清楚由爱情关系赋予的幸福感才是女人真正需要的。一个有智慧的女人并不会用忽略自己的家庭来换取其他方面的更大成就，因为她们知道，女人的真正快乐和幸福来自哪里。

女人的事业愈成功，爱情的潜在需求愈大

对女人最重要的是通过爱而产生的幸福感，是一种发自内心，让女人真正保持内心喜悦的正能量。女人的事业愈成功，她对爱情的潜在需求会愈大，因为她更需要一个能够爱她和信任她的男人，与她一起分享她的成就。而当她只有成功的事业而在爱情方面却一片空白的时候，她在事业方面的成就并不能让她得到真正的快乐。因此她往往会以更多的工作、更多的物质来麻醉自己，设法让自己暂时回避内心的真正渴望。

对女人来说，通过工作和物质赋予的满足感永远无法填补内心的空虚。所以，做一个女强人并不见得比做一个懂得珍惜和享受爱情的小女人来得幸福。

不过，现在有愈来愈多好胜好强的女人，她们觉得女人和男人应该在各方面都要平起平坐，甚至女人应该超越男人。由于很多男人都不是她们的对手，让她们觉得自己的能力比男人或丈夫更强，结果她们的自信心可能会愈来愈膨胀，好像人生的目的就只是事业方面的成就和超越别人的快感。这些女人总是把工作放在第一位，总是把自己对欲望的追求放在比爱情更优先的位置，就像很热爱工作的男人一样，但她们却没有察觉到，她们在事业方面的成功几乎都以人生的其他组成部分交换而来的。这样很可能牺牲了和自己伴侣及孩子的相处机会和关系，甚至赔上了自己的健康。

什么才是一生中最重要的？

如果你也是一个性格好强的女人，请你清醒和冷静地问问自己的心，你觉得一生中什么才是对你最重要的，你究竟需要什么，是赢过其他人的快感和满足感，还是可以经历真正爱一个人和被爱的那种幸福感呢？

你知道吗，虽然你现在觉得事业是那么重要，可能认为赢过别人是世界上让你最快乐的感觉，但你也很清楚自己并不可能用钱买到快乐，你要追求的是真正的幸福。

要做一个女强人没问题，关键是你是否懂得兼顾和平衡你的爱情生活。别因为对事业或虚荣的追求，把女人的真正幸福都赔上。

给男人的建议

当男人没有把爱说出口，或没有经常给女人一个爱的确认时，
她只能假设而不能完全肯定你还是爱她的。

▶ 外面的诱惑

▶ 明白女人的真正需要

▶ 少说你的大道理

▶ 男人最痛

▶ 如何面对女人的口是心非

▶ 是男人，就要包容你的女人

▶ 做个懂得情趣的男人

▶ 把爱说出口

▶ 如何应对女人的情绪

▶ 点燃女人的欲望

▶ 成功男人的新定义

▶ 正视女人的性冷感

外面的诱惑

人生本来就是一个充满选择的过程，你不能永远站在十字路口不动。

你是否觉得自己很容易受到外面的诱惑，甚至不知道会否有一天控制不了自己的理智，而接受了其他女性主动对你的诱惑？

如果你有这个担心，证明你还有控制自己不出轨的意识。

你，不是一般的男人

所谓"英雄难过美人关"，面对一个非常有吸引力的女人的诱惑，一个正常的男人要完全理智控制自己，并非一件容易办到的事情。虽然如此，男人要明白随便接受其他女人诱惑的祸害，你并不希望因为个人的欲望，而伤害了和妻子的感情，破坏了自己的家庭幸福，你的理智告诉你这是不值得的。可是，你究竟可以做些什么才能让自己拥有更强的免疫力呢？

你可以对自己说："我不是一般的男人，我不是一个轻易被自己的兽性欲望驱使的普通男人。"另外，你亦可以通过改善和妻子的性生活，得到这方面的更大满足。你用你的能力证明你确实不是一个只有原始兽性的普通男人，也不是一个轻易被欲念控制的人，你是一个智能型的男人，一个更懂得选择、有意识地创造命运的人。

如果你已经有了外遇，你现在最需要考虑的是，你是否还爱你的妻子，你要不断问自己这个简单的问题，了解妻子在你心中的重要性。如果发现你还爱妻子，你愿意做一些事情伤害她吗？很可能，你的妻子已经开始怀疑你，她只是选择不说出口以免失去转弯的机会。她一方面非常生气，另一方面又很害怕会失去你，只因你是她深爱的人。她可能会因为你度过了不知多少个难眠的晚上。她可能选择了等待，等待你的心主动回到她身上。你以妻子持续递增的痛苦换取在婚外关系中不断递减的快乐，这是你的原意和价值观吗？

你的选择是什么？

如果你当初是为了满足自己的一时欲望而发生了外遇，在激情冷却以后，你是否还选择继续这样下去呢？如果你确实同时爱上了两个女人，你是否天真地以为你可以享受齐人之福呢？如果你已经不再爱你的妻子，你是否应该尽量减少对妻子可能造成的伤害，尽快给她一个说法，把她放生呢？我相信大部分有了外遇的男人还是爱自己妻子的。如果你因为同时爱上了两个女人而不知道应该如何选择，所以你便干脆不选择，这反而会对三方都造成更大的伤害，把痛苦延长。

作为男人，请你勇敢面对而不是逃避你的问题，人生本来就是一个充满选择的过程，你不能永远站在十字路口如如不动。

你的外遇可能会为你带来快乐，可是，同时亦为你带来烦恼。如果你外面有了女人，这也许不是你的错，没有人有资格评论你的对错，因为你的一切行为都只反映了你的选择，定义了你是谁，这是你为自己选择的生活方式而已。可是，我要告诉你，你的选择将会影响你的人生，你妻子的命运也会因此而改变。

每个人都要对自己一生的选择和决定负全责，这才是你要谨记的。

明白女人的真正需要

女人非常重视细节，并从男人对她的生活小事上的重视，来验证对她的爱和重视。

作为男人，你知道你的女人真正需要什么吗？

你说你知道，她需要你的爱，然后你说你很爱她，但是不知道为什么她总是对你不满，总是经常对你发脾气，你们的相处总是让你感到不愉快。

其实，你有没有想过，你的女人能否完全接收到你对她的爱意呢？其实，有不少男人以为自己负责养家，天天都回家吃饭睡觉，偶尔会跟妻子亲热，这些就能够代表对女人的爱，以为女人就会因此而觉得满足和幸福。

婚后的女人，会对丈夫的爱有更高的要求

男人并不明白女人真正需要的究竟是什么，其实女人要的，是一种被爱和被重视的感觉，是来自男人平时如何关注女人的表达方式。女人并不会因为结了婚而减少对恋爱的需求。相反，因为已经确认了妻子的身份，女人会对丈夫的爱有更高的要求，她期望自己能够永远活在恋爱之中。因为，对很多女人来说，结婚只是恋爱的正式起点。丈夫如果不知道甚至不认同女人的想法，以为可以在结婚以后不再需要与妻子谈恋爱，女人一定会对丈夫感到失望。

男人要明白女人在婚后对恋爱的热切需要和期盼，如果你也希望你的妻子可以成为一个真正幸福的女人，你要学习更多地关注她，要让她无时无刻都能够感到被爱。

如何在生活的小节上下功夫

你可以多在生活的小节上下功夫，例如，偶尔的一句"我爱你"、把好吃的菜往她的碗里送、从她身后突然而来的一个拥抱、你对她发脾气的体谅包容、你发给她的一条出乎意料的问候短信、你突然提出的一次约会、你在她生病时的紧张态度等等小举动，都可以让女人甜上心头，感到自己的幸福和被爱。

别小看这些小事，信念往往都是通过小事而形成的。女人非常重视细节，并从男人对她的生活小事上的重视，来验证你对她的细心、你对她的关注，亦等同于你对她的爱和重视。我所说的只是一些日常生活中的小事，并不需要男人很刻意地花时间安排。不管你表达爱的方式怎样，重要的并非你做什么，而是你所做的是否发自真心，出自一种希望自己女人快乐的欲望。

要做个真正懂得爱自己女人的男人不难也不易，关键在于你是否愿意。如果你愿意，自然会更懂得如何让自己的女人经常活在恋爱的感觉当中，你会让女人知道你永远都把她放在你心中的第一位，你成了一个能够让自己的女人获得真正幸福，同时让自己更满足快乐的成功男人。

少说你的大道理

对女人来说，无论男人有多少大道理支持自己是对的，如果他与女人的沟通方式不好，他认为对的事都会变得毫无意义。

和男人不一样，女人是比较感性的，她们更重视的是当下的感觉，而且她们比男人更相信和依赖自己的感受与直觉，并把自己的感受与直觉作为她们判断事情好坏的重要参考准则。如果你要学习和女人和谐相处，你必须了解比较感性的女人，不能凡事都以男人的理性角度来分析，尤其是与感情有关的事情。

女性的直觉就是没有理由

男人觉得凡事都应该有一个发生的理由，是有这样的因才会有那样的果，这是男人普遍的思维逻辑。而男人认为理所当然的想法，女人却不一定会这样想，女人做事并不一定需要什么理由来支持她的行动，反正感觉好就足够了。所以，一个男人可能会很容易说出一堆理由，来解释为何会与一个女人结婚，可是，女人并不一定能够很明确地说出，她嫁给这个男人的真正原因。

很多时候，女人选择结婚的对象也是凭她与生俱来的感觉而做出的决定，女人会回答，就是因为我要嫁给他，这就是理由！女人觉得感觉才是真的，在感情的领域里，女人一般会比较相信和依赖自己的感觉行事。

所以，在男人与女人相处的时候，要多学习关注女人的感受，多想想你对她说的话和你的行为，会让她产生什么感觉。当你这样想的时候，对女人来说，你的表达方式比你要表达的内容往往更重要。你和女人沟通的态度和技巧会对你的沟通成效构成关键的影响。你的沟通和表达方式会形成一种气氛，让女人产生相应的感受，是让女人有效接收来自你的信息的重要前提。

把道理说成轻松的小故事

在和女人沟通的时候，请尽量少说你的理性分析和道理。对女人来说，她没有多大的兴趣听这些你认为很必要的理论，你通过理性分析出来的对错观念，并不一定能帮助你说服她。对错的判断有时候是可以很主观的，所以不要在沟通前就已经有判断对方是对是错的预设立场，要预留接受不同可能性的空间。

对女人来说，无论男人有多少大道理支持自己是对的，如果他与女人的沟通方式不好，他认为对的事都会变得毫无意义。所以，真正能够打动女人的往往是沟通的诚意、态度和技巧，这些才能让女人对你的说话产生兴趣和投入，你才能有更多的机会真正表达你的意思。

沟通是双向的，你不能光以自己的方式进行，你需要采用对方比较愿意和容易接受的方式进行，才能达到事半功倍的沟通效果。

当你要对女人说大道理时，请把你的道理说得像个轻松的小故事，这样沟通的效果可能会变得更好。

男人最痛

如果你确定妻子已经不再爱你，而你又坚持不放手时，你其实并不真的那么爱她。

如果你发现妻子有了外遇，你一定会觉得难以接受，你的情绪甚至会在一段时间内完全失控。在那时候，你很可能会相信你在今生都无法原谅妻子如此对你，你无法接受你一直爱的妻子会给你戴上"绿帽子"。

重新回顾你的婚姻

可是，当你冷静下来以后，你会重新回顾你的婚姻，你会开始检讨自己。然后，你可能会发现，你的妻子原来一直都以各种方式向你暗示她对婚姻的不满、对你的不满。她对你一次又一次的期望和失望却只能换来你的无视对待，甚至是带有厌恶态度的响应。

你突然明白，原来是你让她的心慢慢从你那里溜走的。这时候，你开始不再那么责怪妻子，你会问自己，你是否真的愿意放弃你的婚姻，你开始发现原来你要对妻子的出轨负上责任。你此时觉得，无论妻子做了什么，你都不愿意离开她，你会尽量让自己重新接受她，你会希望挽救已经出现危机的婚姻。

如果你发现让你妻子出轨的真正动机，是出于她对你的不满和报复的心理，其实她并不打算马上离开你，她还愿意和你维持正常的夫妻关系，这证明她对你还有爱意，她还没有对你完全死心，她还不想放弃这段婚姻。那么，你仍有机会挽救这段婚姻。

你，真的爱她吗？

如果她并未察觉你已经知道了她发生外遇，你就继续假装不知道好了，无论如何都不能透露你所知道的一切。然后，你要好好把握这个机会改变自己，让妻子能够真正过上让她更快乐和满足的婚姻生活。如果你真的爱她，你自然会有足够的动力，你会不问回报，真心地原谅妻子的行为，静静等待妻子因为你的改变而回心转意的一天，重新回到你的身边。

有一天，当你确定妻子已经心有所属，而此人不再是你，但你还是那么深爱着她时，你要做的是让自己放手，而不是执着于这段已经没有基础的婚姻关系。

因为，真正爱一个人并不一定需要拥有对方，只要你能看到她可以得到幸福，能够比以前更快乐，你自然会因为她能够得到幸福和快乐而感到满足，这才是你真正爱她的证据。如果你并不这么想，证明你对她的爱只是停留在表面层次，你更可能只是因为不舍得，或为了自己的面子，或为了你一时不甘心的感受，或为了维持你的生活习惯等等而感到难受。如果你确定妻子已经不再爱你而你又坚持不放手，那么，你其实并不真的那么爱她，你对她的执着只是来自你对满足自己欲望的心理需要而已。

当妻子已经不爱你，你真诚的放手才能代表你真的爱她。

如何面对女人的口是心非

要搞懂女人说话背后的动机和意义，你的女人就是你最好的老师。

女人说不想，便是想；女人说不喜欢，其实就是喜欢。

相信很多男人都有类似的经历，觉得女人经常说反话，口是心非，把男人搞得糊涂。我们当然不可以说女人说的每一句话都与她的原意相反，但是，女人的确很喜欢以反话来表达自己，尤其当与自己的男人相处的时候更是如此。

不惜一切的坚持，也是一种爱的表现

和男人不一样，女人很多时候都不会直接告诉男人她需要什么，尤其是当她闹情绪的时候。女人明明想要你做的事情，你问她，她偏偏会告诉你她不想要你做。比如说，你知道伴侣很累，你随便问是否需要帮她按摩一下，可能因为女人不想你辛苦，她会说不要。可是，她的心很可能正在期望你主动去做，而不必等待她的同意。

因为女人觉得如果男人能够突破女人口头上的反对，而坚持为女人做些可以让她开心的事情，她会把男人不惜一切的坚持看成一种爱的表现。可惜的是，不少比较理性的男人往往会把女人说出口的拒绝当真，男人会因而把已经说出口的话收回去。然而，当女人听到你说想帮她按摩以后，她已经对你有所期待了，她希望你能够超越她的口头拒绝，而直接做你说会做的事。但是，男人往往会错过可以让自己的女人喜出望外的机会，而且，亦会因此无意地让女人感到失望。

男人，请放下理智的头脑！

有时候，女人的反话是来自她们天生的被动心理，她觉得有些事情应该由男人先主动采取行动的。然后，由她以行动来表达是否愿意让男人继续下去。如果，男人很轻易地把女人笑而不答的沉默解释为拒绝的意思，女人会觉得男人不够了解她，而这种不了解往往被女人看成是男人不够重视她的表现。

男人要搞懂女人说话的真正意思其实并不困难，只要能够用心感受和客观地留意女人说话的语气、她当时的反应，自然会比较容易得知真相。其实，只要你觉得女人会因为你做了你所说的事而觉得开心，你大可把你想为她做的事情先做出来，然后，你可以再根据她对你的反应而做出适当的调整。

简单来说，不要直接把女人对你说的每句话都完全当真，男人需要更多的耐心和技巧把女人的真正意图弄清楚。女人喜欢对自己爱的人说一些试探性的话来了解男人的反应和诚意。所以，很理智的男人别再用你的理性头脑分析女人给你的回答，不要再理所当然地接收女人给你的回复，男人的理性逻辑很多时候无法有效地解读女人的心思。

要搞懂女人说话背后的动机和意义，你的女人就是你最好的老师。

是男人，就要包容你的女人

每个女人都有一种假设：她相信一个真正爱她的人，一定也是一个无论如何都会愿意包容她的人。

别以为包容是软弱的表现，一个懂得包容女人的男人才是真正的男人。这样的男人永远站得比别人高，看得比较广阔和辽远，他看事情的焦点是整体的而不是眼前的一点，他具备更多与异性相处的智慧。

女人的依赖，是来自被动的情感

女人在情感方面是比较被动的，所以很多女人都会有依赖自己男人的心理需要，而有了这种依赖性自然会对对方产生期望。而当某些期望不能被满足的时候，女人便比较容易向自己的男人发脾气。如果，男人不解温柔，经常以强硬的态度响应女人，女人一定会觉得很失望和难受。有些女人会选择长时间压抑这些不好的感觉，可是，这些负面的感觉并不会因此而消失，反而会因为无法释放被累积起来，更大的负能量会被埋藏在记忆里面，成为关系中甚具破坏力的危机。

男人和女人是非常不一样的生物，男人更相信的是头脑以理性分析出来的结果，好像一切的事情都可以被客观区分为应该和不应该、合理和不合理、对和错。就算他真的要生气的时候，往往会有充分的理由支持，男人因此不能理解为何女人的负面情绪，可以来得那么无缘无故。

女人会因为对现状的感觉不好，因为缺乏安全感或者只是担心未来而产生强烈的负面情绪。所以，由于你的女人在情感上对你有所依赖，她会在感觉不好的时候向自己的男人发出求助讯号，希望得到你的关怀和注意。面对女人来自感性的负面情绪，这时候，你的理性就不一定能找到很合理的解释了。

这样，你很可能会认为女人的情绪和行为是野蛮的，你会认为不应该忍受任何无理的事情，并开始以比较负面的态度和话语来响应女人对你的情绪，你会忙着向女人说她根本不应该和不需要闹情绪。而真相很可能是，你的女人只想引起你对她多一点关注，而不是你喋喋不休说教式的回应。

包容自己的女人，是男人的天职

男人不要经常把焦点放在对与错，或合理与否的观念上面，因为在男女关系中并没有绝对的对与错，一切都是自己的选择，每个人都需要为自己的选择负责。既然没有对错，作为男人，你要学习对女人大度一点，对于女人让你感到难以接受的负面情绪，要有更大的包容空间，因为你的女人一直盼望你能包容她的一切，而这一切必须也包括被你认为是负面的部分。因为每个女人都有一种假设：她相信一个真正爱她的人，一定也是一个无论如何都会愿意包容她的人。

无论发生什么事，如果你能够先包容你的女人，你已经履行了男人的一种天职，也反映了你作为男人的一种内在涵养。所谓有容乃大，当你能够无条件地包容女人的一切负面情绪的时候，你会得到女人给你的更大的回报，你便能够体会包容的巨大力量。

你们的相处会因为你的转变而变得愈来愈简单而美满。因为，她已经从你对她的海量包容中确信，你就是她一直盼望的那个男人，一个懂得爱护她、能够给她真正幸福的人。

做个懂得情趣的男人

两性在结婚前后的心态转变，可以说是背道而驰。

男人在婚后一般都会对爱情的维系变得比较冷淡，而对事业则变得更热情；可是，女人在结婚以后对丈夫的要求和期望反而会有增无减。不少做妻子的对丈夫在情趣方面的需求甚至会超越婚前，这与男人在结婚前后的心态转变可以说是背道而驰的，这种期望的落差也是导致夫妻出现相处问题的一个重要原因。

其实，在结婚前的阶段，很多男人都懂得和愿意制造生活情趣逗女朋友开心。可是在结婚以后，男人可能因为工作太忙和需要应付愈来愈大的生活压力，会对女人变得懒惰，对妻子在心理方面的需要往往不够体贴和重视，就算经常听到妻子投诉，亦知道妻子对单调乏味的婚姻生活感到不满，男人还是缺乏改变的动力；直到夫妻的相处问题到了非常严峻的地步时，男人才会因为害怕失去妻子，而开始正视这个问题的严重性，不过可能一切已经太迟了。

男人要明白情趣对女人的重要性，因为女人会觉得，男人愿意经营生活上的情趣，是一种能够充分反映男人有多爱自己的表现。如果你在婚后还愿意偶尔给女人一些意外惊喜，还会做一些哄女人开心的无聊事情，女人会觉得你还是和结婚前一样，那么重视她和爱惜她。

男人，请善用你的幽默感！

其实，充满情趣的婚姻生活是每个女人都向往的，女人不会因为结了婚而减少对情趣的需求。相反，她们会更渴望丈夫能够在这方面给予更大的满足。当然男人会认为，不可能经常忙着为妻子制造情趣，忽略了更重要的事业或其他的个人兴趣。作为丈夫，你需要多关注和重视妻子在这方面的心理需要，毕竟，她是你自己选择的妻子，如果你真的爱她，你自然会希望让她在婚姻生活中获得快乐和幸福。

多花点心思为妻子准备生日、在结婚纪念日给妻子安排一份能够显示你心思的小礼物，甚至只是假装不经意地给她一个突如其来的深吻，这些鬼主意你可能比我还懂呢！一个男人要善用幽默感和女人沟通，因为男人的幽默能够化解冲突，也可以在日常生活中增添情趣。当你看到妻子因为你的幽默和情趣而展现笑容时，你会觉得这一切都是值得的，而这些满足感会成为你愿意继续制造生活情趣的回报和动力。

一个懂得在婚后继续制造情趣和懂得幽默的丈夫，是每个女人梦寐以求的理想男人。

把爱说出口

男人简单的一句话，足以满足女人的心理需求，令爱更具体化、真实化。

"你爱我吗？你究竟爱我什么？你爱我多少？"

大部分男人可能已经多次听过女人发问这些问题。你可能会觉得她的问题有些多余，因为你心想，如果你不爱这个女人就不会和她在一起了。可是，女人的想法跟你不一样，她不会把爱的关系看得那么理所当然。她只会感到你们表面上应该是相爱的，她也知道自己很爱你；可是，女人明白爱的感觉是可变的，当你从来没有告诉她，你是否也一样爱她，当你没有把爱说出口，或没有经常给她一个爱的确认时，她只能假设而不能完全肯定你还是爱她的，即使女人的直觉告诉她她的男人有多爱她。

其实，很多男人都不善于表达自己对女人的爱，男人可能会觉得没有必要把爱说出口，他可能会认为最重要的，是拥有一颗爱伴侣的心，说话只是表面的形式而已，说得如何动听也不代表是真心的。所以，大部分男人都没有用说话向自己女人表达爱的习惯，因为他们觉得根本没有这个必要。

对女人来说，男人把爱说出口是非常必要的，所以，你要从此改变你的固化思维。因为你的一句话可以满足女人的心理需求，让她感觉到你对她的爱是具体的、真实的和没有过期的。你要明白，没有了你的确认，她并不能肯定她的感觉是真的。

要懂得感谢你的女人

当你从来没有对女人说过"我爱你"这三个字时，女人只能一直猜测你的心意。当她长期无法从你的行为和说话中得到所需的安全感时，她会觉得你们的爱是不稳的，她甚至会开始怀疑，你究竟是否真的爱她，尤其是在你们发生冲突的时候。

除了口头示爱以外，女人是需要哄的，这是女人的天性。所以，如果你希望令女人开心，可以多对她为你做的事表示赞赏，而不是把女人为你付出的一切看成理所当然，好像她必须做一样。无论你认为她所做的事是否是你真正需要的，你对女人发自内心的赞赏很可能会让女人开心半天。其实在女人为你做的每一件事中，都可以找到赞赏的理由。你对她的肯定，是女人能够继续做下去的动力。

如果你重视你的女人，多把爱说出口，多对女人为你所做的一切表示真心的赞赏和感谢，这些都是能够产生巨大效果的小动作，难道不值得你做出尝试吗？

如何应对女人的情绪

男人要应对女人的情绪，可以用聆听和身体语言来代替以嘴巴讲道理。

当女人心情不好的时候，往往会向男人诉苦和闹情绪，女人喜欢与男人分享问题，目的只是为了得到男人的安慰来疏导自己当时的负面情绪，女人此时内心渴望得到男人的重视、关心、体贴、耐心倾听和支持。然而，男人的普遍反应却是试图理性地为女人提供客观的分析，希望女人了解事情的具体面貌与对错并说明负面情绪是没必要的，借此扭转女人差劲的心情。

男人执着对错，女人重视感觉

但是，女人会觉得男人根本不明白她，她真正需要的是男人给予无条件的关怀和体谅，女人认为这是男人爱自己的一种表示。大部分男人过于执着自己是否犯错，并以此决定应对女人生气的态度和方法。当男人找不到自己错处的时候，便会认为女人是无理取闹的，自己的情绪也因而变得不稳，结果男人便会带着责怪的语气向女人讲道理。然而女人在负面情绪占上风的时候，是很难保持客观和冷静的，即使你的道理是多么合逻辑、多么合理、多么正确，恐怕也是难以让她听进去的。

当女人得不到男人的理解和重视时，女人的负面情绪，甚至内在伤口便会被点燃起来。此时，当男人发觉自己所付出的努力，根本没有得到女人的接纳，反而换来女人的责骂时，男人再也无法按捺自己的怒火，两人便会因此而陷入非理性的失控状态，并以最严厉刻薄的言语，毫无保留地互相辱骂，结果当然是伤害了双方的心灵，导致进一步的冲突，甚至冷战的发生。

男人要以平和的心境，应对女人的情绪

男人要应对女人情绪，可以用聆听和身体语言来代替以嘴巴讲道理，不要逃避而是勇于面对女人的情绪。要化解女人的负面情绪，你需要一个平和的心境。通过放下自己的对错观念，你会比较容易不带批判地接受女人的情绪状态，而不是以自己的对错观念，来评价女人闹情绪的合理性。你亦可以以身体语言来表达你对她的关怀，表示你愿意倾听她的感受，你还可以在适当时候用你的幽默感来缓和当时比较紧张的气氛。

你的平和态度能够软化女人的强硬态度和负面情绪，她很可能还会在事后感谢你为她所付出的一切。 其实，要应对女人的情绪不难，关键是你能否先放下自己的想法，让自己尽快处于一种比较平和的心境，女人的情绪在一个比较和谐的气氛中，更容易平复下来。

点燃女人的欲望

男人和女人的合一不只是身体上的，更重要的是心灵层面的链接。

女人都说男人好色，其实，男女的性欲只是人类一种与生俱来的本能需要，而性欲的多少也并非以性别来区分。然而，男女对性需要的表现心态和方式却完全不一样。

女人的欲望需要慢慢被激发出来

一般而言，男人是比较主动的，性欲方面亦是快来快去，而且男人更完全可以接受有性无爱的行为；相对地，女人则显得比较被动，性欲的升降温度也比较慢，但她们却是难以接受无爱的性行为，或者难以在有性无爱的情况下得到满足。

男人要在性方面对女人更体贴，除了在你自己有需要的时候主动外，也需要留意女人给你的讯号，尤其是当女人对你特别温柔的时候，男人需要更主动地响应女人的性需要。而在亲热的过程中，男人要懂得对女人更有耐心和善用技巧以配合女人的节奏，才能达到双方都能满足的理想效果。

因为女人是慢热的，女人的欲望需要慢慢被激发出来，绝对不能一步到位。男人必须先以各种温柔的身体动作和直截了当的情话为女人加温，直到女人的欲望到达无法收拾的程度为止。你要让对方感到被需要、被爱护、被珍惜，逐步令女人投入于两个人的亲密联结当中，慢慢进入一种忘我的状态，因而产生对你的强烈需要感。

要让自己更投入，你可以在过程中偶尔闭上眼睛，尽量感受自己每一个动作和身体的每一个感觉，当然还有女人的每一个反应。请记住，你和女人的合一不只是身体上的，更重要的是心灵层面的链接。你们只是透过身体，进行更深层次的互动和联系，让爱在两个人之间产生对流。

男人要主动地配合女人的反应

作为男人，你要对女人的性需要更敏感，不要只为了满足自己的需要才采取主动。当亲热的时候，你要主动地留意和配合对方的反应，以你的心和行动逐步燃点女人的情欲和性欲，其间是不可过急的。如果希望双方都能够得到满足，男人则要先让女人达到高潮，当女人知道你先确保了她的满足，她就会有被需要和被重视的感觉，一种让女人最窝心的感觉。

对女人来说，性是一种爱的表达方式，是把爱做出来的行为，而不单纯是对生理需要的满足。如果一个女人不爱你，她根本不愿意和你发生性行为，就算勉强进行，也难以达到满足。和女人不同，男人比较重视对生理需求的满足，而不是心理方面。所以，作为男人，要学习如何把爱与身体进行联系，把你对女人的爱渗透在你和女人之间的每个动作和感受之中，这样，你自然能够与你的女人更同步。

性，必须建立在爱的基础上，才能让女人感到真正的快乐和满足，而女人的满足将会令你更满足。

成功男人的新定义

除了赚钱外，你有能力做一个让妻子快乐的男人吗？

有不少男人会穷尽一生的精力追求事业的满足感和赚更多的钱，以为这是一种能够把他定义为成功男人的重要标准。而很多女人所追求的，却是能够一辈子沐浴在自己爱的男人的爱海之中——在相处的过程中，男人对女人表达的关怀和重视体现出来的一种感受。

男人会认为做到这一点几乎是不可能的，怎么可能经常保持让妻子永远感到被爱？难道男人没有更重要的人生目标吗？难道可以放弃事业的追求来满足女人的欲望吗？难道赚钱对女人和下一代毫不重要吗？

人生意义如何组成？

如果你有这样的想法，我只能说，你把你的人生意义锁定在一点上面，而你的人生意义并非事业或者其他任何的单一事情，而是可以包含很多不同元素的，比如爱情、家庭、健康、心灵满足、友情、学问、父母、个人嗜好等等。

每个人都会在人生的不同阶段，对不同的元素有不同的重视程度，并给予相应的时间和心力分配，不是吗？

回想一下，在你正追求现任妻子的阶段，你也曾经把爱情看成对你很重要的事情，而在你结婚以后，你只是把轻重的次序重新调整了，现在可能认为事业才是最重要的，其他的事情都必须给事业让路。而当你年老的时候，你很可能会认为家庭才是对你最重要的，你很可能更渴望拥有多一些年轻时候的家庭生活回忆。到了那个时候，你很可能会认为，儿孙的成就和快乐对你更重要。

被轻视的部分，或许将难以弥补

你对组成你人生意义的各个部分的轻重分配，会随着你的年龄和心态而转变，你现在认为最重要的事情，很可能在日后变得不那么重要，甚至完全不重要，而你现在认为不重要的部分可能在某一天变得无比重要。你所选择的过去影响了你的现在，你所选择的现在也必然会影响你的未来。你现在选择了轻视的部分，并不一定能够在日后给你补偿的机会，你对一些部分的忽略，很可能会造成一些永久性的伤害，这都是难以弥补的。一切都是你的选择，而你要对自己的选择负责。

除了要经营现在被你认为最重要的人生部分以外，你可以选择一个各方面都比较平衡的人生，而不必只往一个极端发展。你不是经常安慰妻子说，你对事业的专注其实是为了她好吗？不要只顾对事业的追求而伤了你爱的人的心，不要因为现在你认为最重要的事情，而破坏了能够一直延伸到未来的幸福，难道这就是你说为了她好的结局吗？

男人，请问问自己，除了赚钱外，你还懂什么？

你有能力做一个让妻子快乐的男人吗？

你能够做一个让爱你的人经常感到被你深深爱着的男人吗？

其实，光在事业上成功的男人并不算什么成功，懂得平衡人生各个组成部分的男人才是一个真正成功、真正满足、真正有智慧的男人。

正视女人的性冷感

美满的性生活可以大大减轻女人的精神压力，让她在面对生活压力的时候，变得更轻松和快乐。

在网上论坛的发言中，我们经常可以看到不少男人投诉妻子对性已经提不起兴趣，有些夫妻已经一个月、几个月，个别甚至一年以上没有进行任何性行为。双方虽然仍然相爱，却会因为两个人在性方面的隔膜，让男人感到深深的困扰。要解决性冷淡的问题，关键是先找出造成问题的根源，然后由男人主动对症下药，才能达到更显著的效果。

产后性冷感？

因为压力和忧虑，不少女人在刚成为妈妈以后，会对性失去原来的热情和动力。女人对男人在性方面的需求会变得愈来愈冷淡。因为大部分的新手妈妈都会把注意力完全放在孩子身上，作为父亲的你，是完全可以理解和体谅的。问题是，性和照顾孩子并非两件不能并存的事情，而美满的性生活反而可以大大减轻女人的精神压力，让她在面对生活压力的时候，变得更轻松和快乐。

所以，要解决这个问题的重点，是如何引导女人再次乐于投入到性的欢愉之中，从而释放她在照顾孩子的过程中积累的压力和情绪。男人必须耐心一点对待女人的性冷淡，千万不要责怪女人，你需要多用心和身体语言与女人沟通，以最大的关怀和体谅开解女人。

你完全可以通过了解妻子的心态、平静的沟通和相处的技巧溶化女人的心，让她知道自己会在产后失去性趣，只是一种由想法造成的心理障碍，一种她认为只能完全专注于孩子，而无法兼顾自己需要的假象。作为丈夫，你完全可以协助她尽快走出这样的思想困局和精神持续受压的状态，令她在愉快的性生活中获得释放和重新充电，再次享受性爱的快乐。妻子在你的引导和帮助下，将会慢慢恢复她原来的状态。

让女人知道，人生并不是只有工作

有些事业心很重的女人也比较容易对性失去兴趣，这是因为女人只能同时专注于一件事情的特性。当一个事业心特别重的女人过度专注她的工作时，她会把自己的时间和心思都花在如何把工作做得更好上，很可能会因此忽略了其他事情，当然也包括你。

其实，女人并非刻意忽略男人的需要，你要明白，当她完全投入到一件她认为最重要的事情中，女人会认为她根本无法兼顾你的需要，也同时忽略了她自己的潜在需要。

如果你正遇到这个问题，你可以鼓励她休假几天和你到外地旅行，尽量让她暂时脱离工作的干扰，真正放下工作几天，来享受一个时刻都与你在一起的浪漫假期。这样做最重要的意义是让她亲身感受到人生并非只有工作，而是还有其他的需要和通过对这些需要的满足而获得快乐。而当女人太投入工作的时候，往往会错过人生其他部分的美好。

男人完全可以通过对女人的引导，让她明白自己对性的冷淡只是她的一个迷思。其实女人可以在不影响事业的情况下，同时享受美满的性生活。你可以让她体会如何通过性生活来放松和减压，令女人变得更容光焕发，让女人在获得性滋润和满足的同时发展自己的事业，人生会变得更平衡和充实，这不是更美好吗？

　　其实，大部分导致女人性冷淡的原因都是心理性的，作为男人，你不必被动地作为一个性冷淡妻子的受害者，你完全可以对症下药，更积极地协助自己的女人重拾性趣，让你们的性生活重入正轨。

两性差异

对男人来说，多情可以是一种享受，却可能会付出沉重的代价；对女人来说，多情只会是一种烦恼，女人宁愿一生一世只爱一个人。

▸ 理性的男人，感性的女人

▸ 浪漫的两极化要求

▸ 性观念的差异

▸ 给对方提醒的心态

▸ 恋爱的起点与终点

▸ "多情"的女人

▸ "多情"的男人

▸ 男人重视结果，女人享受过程

▸ 照顾与被照顾

理性的男人，感性的女人

真正决定女人心情好坏的关键，是男人对待女人的心态和方式，而非环境本身。

男人习惯以逻辑和理性分析他遇到的一切现象，认为凡事都必须有个合理的解释，并且能够被证明的才是真理，否则便不能成立。在男人的世界里，对错观念是他们的核心价值观，并认为大部分事情都可以区分对与错，每件事的发生都应该有个合理的原因和必须合乎逻辑。

男人：请搬出合乎逻辑的理由！

因为男人很重视对错，对别人的投诉会第一时间进行理性分析，寻找较合乎常理和逻辑的理由，来证明谁对谁错。

举个例子，当没有上班的妻子投诉男人没有帮忙教导孩子做功课或协助做家务的时候，男人的回答通常是："我没有做是因为白天上班已经很辛苦了，我要负起养家的责任，回家后很需要休息。你整天待在家里闲着为何还要我帮你做你该负责的部分？不如反过来你到外面赚钱好吗？"男人认为女人的要求是错的，而女人其实只是希望通过向男人提出一个帮忙的要求，而获得男人对她一天辛劳的关怀。

男人喜欢向女人讲道理，务求以一大堆理由告诉女人，她的抱怨和生气是无理的、是错的、是不应该的，男人相信向女人说明事情的道理和是非对错后，便会得到女人的认同和尊重。结果却往往相反，男人过于依赖理性的思维模式，其实很容易让女人受不了。男人也无法理解为何女人不爱听道理，更不爱讲道理。

女人：开心的感觉就是对，不开心的感觉就是错

对男人来说，女人的抱怨和发脾气都是一种难以捉摸的不理性行为，因此男人会说："女人有时候真野蛮！但是，因为我爱她，作为男人也应该要忍让女人，我就再迁就她一次吧！"

其实，女人是以一种感性的模式做出思考的，她们习惯凭当刻的感受来判断事情的好坏，当感觉好她们会显得开心，当感觉不好她们会显得失落或生气。对于女人来说，自己开心的感觉就是对，不开心的感觉就是错，是不需要什么具体理由支持的，这种逻辑是男人难以理解和认同的。

对男人来说，感觉的好坏是非常主观的，是缺乏客观事实依据的。对女人来说，她的感觉却是最真实不虚的，是最能反映她当时状态的指标。因为女人有较感性的思维模式，她们的情绪往往较易被外境牵动，而生起好坏的差别，然而，无论客观环境如何恶劣，女人只要能够得到男人的爱护和关注，便会有充足的勇气和动力面对困境。所以，真正决定女人心情好坏的关键，往往是男人对待女人的心态和方式，而非环境本身。

当我们明白了男女的思维差异以后，男人需要多留意和重视女人每刻的感受；女人也要多体谅男人喜欢对自己讲道理和凡事分析的天性。

浪漫的两极化要求

对男人来说，浪漫可能是一种奢侈品，而对女人来说却是必需品。

典型的女人都喜欢浪漫，这是女人从小到大都在追求的感觉。随着成长，女人会慢慢地把浪漫看成爱情必须包含的成分，继而把浪漫的感觉看得很重要，因为浪漫比爱的感觉还要具体。其实浪漫的感觉和气氛，只是一种刻意制造出来的外在形式，正因为浪漫是可以被制造的，所以浪漫给人的感觉是美好的，却不一定是真实的。

其实浪漫是夫妻相处的一种情趣，是一种能够滋润爱情的甜品，是一种爱情的补充剂而不是爱情本身。女人会把获得浪漫的程度看成男人够不够爱自己的指标。对女人来讲，无论结婚与否，无论自己是 18 还是 68 岁，她们从来都不会放弃对拥有浪漫爱情的心理需求。

可是，大部分的男人在结婚以后都不会太重视浪漫，因为男人认为已经没有这个必要，他爱的人已经成为他的妻子，而浪漫只是形式化的东西，是恋爱期才需要的东西。男人觉得浪漫对夫妻关系和感情并没有很大的实质影响，认为只要知道自己一直爱着妻子就够了，结婚以后应该努力赚钱，这个责任比什么都重要。

女人要向男人表达浪漫的需要

男人认为，哪里会有多余的时间和精力去制造浪漫呢。对男人来说，浪漫简直是一种奢侈品，不过这只是男人一厢情愿的想法。由于女人被动的天性，她并不喜欢直接告诉男人她有多想得到浪漫的滋润，而男人也因此难以知道女人的真正想法。两个人会在浪漫的需要方面产生比较明显的分歧，这是导致男女冲突的一种潜在原因。

女人应多向男人表达在浪漫方面的需要，让男人知道浪漫在你心中的重要性，只要你的态度坦诚和直接，男人很可能会更愿意为你制造更多的浪漫。

男人要明白女人对浪漫的需要

如果男人明白女人对浪漫的潜在需要是永久性的，不会因为年龄和阶段的不同而消失，自然会更愿意多花心思偶尔给女人制造一点惊喜，因为他知道他为女人经营的浪漫，会提醒女人他有多关注和爱她。女人真正需要的是男人每个浪漫行为背后的温馨和被爱的感受，而非行为的本身。

对男人来说，浪漫可能是一种奢侈品，而对女人来说却是必需品。

性观念的差异

让每次的亲密行为成为让对方感受你有多爱他 / 她的方式，
而不光是一次生理需要的满足。

男女对性的观念差异很大，这也是导致两性关系经常出现
问题的原因之一。

男人：性和爱可以分开来看待

男人的生理需要来得比较快速和直接，比女人更容易因受
到外来的刺激而产生冲动的生理反应，因此男人的心理需要往
往会被生理的需要驱动。当生理和心理需要都变得炽热的时候，
男人需要比较强的理智才能控制自己，而理智会受到他的固有
观念、自控能力、婚姻生活和性生活的满足程度等因素影响。
如果这些因素并不足以支撑他的理智，他对性诱惑的防御能力
自然会变得比较低。

男人是完全可以把性和爱分开来看待的，所以，性行为在
男人的眼中可以完全是一种娱乐、一种嗜好、一种发泄他生理
和心理需要的"救火途径"，而不必包含任何爱的元素在性行
为之内。男人会认为外面的女人和自己的女人是完全扮演不同
角色的人，以满足他的不同需要。所以，当男人已经有了外遇，
很多时候他的心态是希望能够兼顾两者，而不是从中只选择一
个，男人认为他可以通过自己协调双方的能力而达至平衡。所以，
男人一般并不会因为有了外遇而马上提出离婚，更多的情况是
被妻子发现了，而被逼在两者中做出选择，男人通常会因此而
感到非常为难。

女人：性和爱是一种互补关系

女人对性方面的心态和男人完全不一样，和男人相反，她们认为性和爱是分不开的。而女人的生理需要必须先由心理因素带动。如果女人对一个男人没有喜欢的感觉，女人便无法真正享受性行为的快乐。因为女人在生理方面往往比男人慢热，她的性兴奋需要通过被爱的感受，配合男人纯熟的性技巧来点燃，如果没有心理感受的驱使，女人是难以提起对性的兴趣的。

这就说明了为何当女人不开心的时候往往会抗拒和男人亲热。所以，女人的心情和对男人的感觉，会直接影响她是否享受性行为的过程。当女人在亲热的时候心情开朗，而且和男人的关系良好，她便能够完全投入其中，能够真正享受过程，并通过性行为感受到双方的爱。对女人来说，性行为是表达爱和感受爱的一种重要途径，性和爱是一种互补关系，相爱让性生活如鱼得水，而美满的性生活也会让双方感觉更相爱。

由于男女在性方面的心理和本能差异很大，所以，情侣或夫妻都需要付出更多的耐心深入了解对方的需要，而不是只顾自己的感受。让每次的亲密行为成为让对方感受你有多爱对方的方式，而不光是一次生理需要的满足。多进行坦诚的事后对话，从经验中摸索更能满足双方需要的技巧，这样，你的爱情生活将会变得充满性趣，也更让你满足。

给对方提醒的心态

女人给男人意见，是出于关心而不是恶意的批评。

在现今相对自由公平的社会里，男人认为，能力是获得快乐的一个重要条件，也是女人评价男人的重要标准。男人的能力是指，社会普遍认为男人该懂的事情要懂，而不光是指在工作上的表现。因此，男人的能力也反映在日常生活中的一些细节方面，如驾驶技术、辨别方向、更换灯泡、接驳电线、搬重物、客观分析问题等等，这些都是构成男人整体能力水平的一部分，并直接与男人的自尊心挂钩。

男人不易接受女人的帮助

当女人觉得男人这些能力的表现不够好的时候，女人会尝试直接提醒或建议男人该如何做，而在男人没有要求帮忙的情况下，男人会接受不了女人的意见，认为女人是在批评他的办事能力，严重的甚至会有被羞辱的感觉。这种出于关心的表现，往往会演变成男女发生摩擦的导火线，男人为了维护尊严而不惜一切地抗拒女人的协助，女人也不明白为何提醒男人也有问题，更不明白男人为何会如此生气。

对于一些男人认为是他们擅长做和本分该做的事，男人都不容易接受自己的女人直接对他们提出的指示和提点，除非是男人自己要求女人帮助。因为这些没有邀请的提醒会被男人视为一种对他能力的否定，甚至是一种对尊严的挑战！

男人会把女人的提点想象成这样："你不像一个正常男人般懂得照顾我，我对你很失望，你连自己的本分都做不好，那么你还会做什么呢，你还是个男人吗，你还配做我的男人吗？"这句话听起来好像有点夸张，却能或多或少反映男人的普遍思维逻辑。可想而知，单纯的一句出于善意的提醒，都足以对男人的心灵造成很大的伤害，并迅速激起男人的负面情绪，让冲突一发不可收拾。

女人要多肯定男人的能力

其实，女人只要多找机会肯定男人在他本分方面的能力，在男人做得不好的时候以包容的心接纳男人的不足，不急于向男人提出你的高见，多以耐心替代抱怨，并真诚地鼓励男人继续在这方面的努力，而不是直接对男人指指点点，男人一定会感激你的谅解和更加爱惜你。

相反，女人并不会介意男人的提醒，不论女人需不需要或接不接受这个提醒，只要男人态度温柔、语气友善，女人都会觉得男人对自己的提醒，是出于一种对她表示关怀和爱护的心意。所以，男人可以更多地在生活中提醒女人，女人会因为你的意见而感到温馨。

当你了解男女在这方面的差异后，你会明白女人给你的意见，很可能是出于关心而不是恶意的批评。当你能够平心静气和客观地倾听女人的提醒，你可能会发现一些新的点子，让你把事情办得更好。

如果女人能够明白男人要维护自己的自尊心，有时候是比马上把事情做好更重要，就会多给他一点时间和空间，态度方面亦会以鼓励代替指责。多相信你的男人的能力，他很可能会把问题解决得更理想。

恋爱的起点与终点

男人把结婚看成恋爱的终点，女人把结婚看成恋爱的起点。

男人把结婚看成恋爱的终点，因为男人认为谈情说爱应该是结婚以前做的事情，而结婚代表男人已经确认了女人作为他妻子的身份，所以，结婚以后男人应该把精力和时间都放在工作上，女人应该义无反顾地支持男人在外面打拼。

男人认为结婚是男女关系的确定，女人有了妻子的名分后，自然要以家庭为重，安心把家庭和小孩照顾好。在这种心态驱动下，男人会主观地认为，结婚后是不需要再花时间和心思谈情说爱的，也不必做那些在谈恋爱阶段经常做的事情，例如制造浪漫和惊喜等。

对女人来说，结婚是一种入场券的概念

和男人相反，女人会把结婚看成恋爱的起点，虽然女人在婚后会支持男人的事业发展，却往往掩饰不了时刻要和男人谈情说爱的心理诉求。因为女人认为结婚以前只是评估男人的一个阶段，让自己知道这个男人是不是一个能够跟她过一辈子的人。当男人通过了女人在恋爱期间的考验，女人会以答应结婚向男人表示他已获得和自己一辈子谈情说爱的资格。对女人来说，结婚可以说是一种入场券的概念。结婚是双方愿意永远爱着、关怀和重视对方的承诺，是非常神圣的。因此，女人认为，结婚是真正恋爱的起跑点。

不难明白，无论女人是否说出口，她们在结婚以后还会期

望男人如恋人般为她制造浪漫和惊喜。在漫长的婚姻生活中，女人希望爱情能细水长流，因此，女人需要得到男人不断的关怀和爱护，以确定爱情的存在。女人会不停以她对婚姻的满足程度，来印证她当初嫁给男人的决定是否正确。当女人的心理需求长期得不到满足，女人便会开始怀疑自己当初的选择，夫妻间的摩擦也必然会因此而加剧。

对男人来说，婚后的谈情说爱是点缀生活的甜品

男人，当你明白女人把结婚看成恋爱的起点时，请你多体谅她，因为女人要你经常关心爱护她的需要是必然的。如果你长期不能满足她，她必定会对你感到失望。你不能只按你的观点把大部分时间和精力都放在你认为更重要的事情上，而忽略了她正常的感受和心理需要。其实，和女人谈情说爱并不如男人想象般困难，更不会令你无法正常工作。举个例子，你只需在每天不在女人身边的时候发一个简单的短信给她，这举动已足以让她甜在心头，难道你办不到吗？

女人，当你明白男人把结婚看成恋爱的终点时，请你多体谅男人，你可以通过不同的沟通方式让他慢慢了解你内心的真正需要。男人在婚后经常忽略了你的需要并不代表他不够爱你。他只是觉得，一个负责任的男人应该把事业放在首位，而谈情说爱只是偶尔点缀生活的甜品。男人觉得夫妻应该以一种分工合作的关系相处，如果你能让他没有后顾之忧，为他照顾好家庭，男人一定会觉得你是他最大的支持，他会愿意为你付出更多。

"多情"的女人

对女人来说，多情只会是一种烦恼，她宁愿一生一世只爱一人。

有女人说："我同时有三个很要好的男朋友啊，但我感到很烦恼，因为他们各有各好，我真的不知道要选哪一个才好！"

其实，这位挺"多情"的女人可能只是爱上了三个人里面的一个，亦可能是三个都谈不上是爱，可以肯定的是，她不会同时爱上三个男人。

女人并不享受齐人之福

基于女人的心理特征，女人只能同时把感情集中投放在一个对象上，以得到最好和最大的感情回报。女人并不享受男人所谓的齐人之福，她们认为爱情应该是一心一意的，能够和一个男人真正相爱便已经很足够了。女人认为，把一部分爱分了出去，爱就不完整、不完美了，那就不算是爱，顶多是出于同情的怜爱。女人觉得爱上多个男人是让自己吃亏的事情，同时和一个以上的男人保持亲密关系会让女人产生犯罪感，甚至会讨厌自己，毕竟，女人的普遍价值观并不容许自己发展有性无爱的关系。

此外，女人的被动心理和生理结构告诉她，女人必须善于选择最好的男人和她繁衍最好的下一代，这是女人的天性。当她选择了合适的男人以后，她便会全情投入和这个男人谈恋爱，期望得到她最爱的男人的保护和照顾。女人如果真正爱上一个人以后便不会再爱别人，所以女人会在结婚以后对自己的男人要求更高，因为女人认为这个被她选择的男人是她一辈子的唯一。当男人能够满足女人的心理需求，女人才会觉得她没有选错，这时她对婚姻才会产生足够的安全感。

变心的女人不会拖泥带水

如果一个有夫之妇已经确定爱上了别的男人，她会希望尽快跟丈夫离婚，好让她能够全心全意地投入新爱的身边。已经确定自己变心的女人一般不会拖泥带水，因为她觉得难以承受同时兼顾两边所产生的压力。对于已婚的女人来说，自己的多情并非一种享受而是一种精神折磨。当女人选择了一个男人作为丈夫，女人会把自己的所有能量倾注在这个男人身上，女人难以把身心同时分给一个以上的男人。

"多情"的男人

对男人来说，多情可以是一种享受，却可能需要付出沉重的代价。

女人只能同时爱上一个男人，男人却可以同时爱上一个以上的女人。

这只是站在两性心理差异角度的中立描述，并非站在男人的角度说的。先排除道德的考虑，男人的先天心理结构容许多样化的发展。男人一般适应能力比较强，比较擅长同步处理不同的事情，男人认为这是一种能够证明自己能力的表现，并能够在平衡不同需要的过程中获得满足感。同理，男人也可以在同时爱上几个女人的情况下获得快乐和满足感。

男人会比较容易对同一个女人感到厌倦，这是男人贪新忘旧的天性。所以当结婚久了以后，男人发生婚外情的概率远高于女人；可是，一个多情的男人并不一定等于他已经不爱他的妻子。有不少男人宁愿隐瞒妻子而不愿意离婚。因为对男人来说，他在心理和生理方面，都能够承担同时与一个以上女人在一起，他很可能对两个女人都有感情，男人一般不会主动离开自己的发妻。

万一东窗事发，妻子提出离婚的要求，男人往往会觉得很为难，因为他很可能不知道如何取舍，一个是有多年感情的妻子和孩子的妈妈，另一个是可以让他重拾年轻和激情感觉的女人。如果做妻子的愿意真心原谅丈夫，大部分还爱妻子的男人都会选择回到妻子身边，因为男人完全明白选择情妇所需要付出的沉重代价。但是如果这个男人是一个非常多情的人，他的选择可能会很不一样，甚至是难以想象的。

多情男人的抉择

有这样一个关于多情男人的故事和大家分享。一个四十来岁的已婚男人在事业高峰期的时候，结识了一个比他年轻二十年多岁的女人。这个年轻女人的个性活泼而且非常风骚，她具备了他妻子没有的外在及性格条件，很快，这个男人的心就完全被征服了。男人一直瞒着在外国定居的妻子，过了好几年，他与情妇的关系已经到了难舍难离的地步。

有一天，男人突然跟他的朋友说，他觉得这样瞒下去太辛苦了，因为他还爱他的妻子，也同时爱他的情妇，所以他非常希望妻子可以接受他外面有了女人的事实。他想，如果妻子能够接纳她，大家就可以一同以某种方式生活了，对他来说，这必定是世界上最完美的结局。

虽然他的朋友劝阻他不要这样做，但后来，他真的忍不住向妻子提出了这个请求。可想而知，无论男人多么强调自己仍爱着他的妻子和孩子，离婚始终是无可避免的结局。因为女人无法同时爱上多个男人，因此，女人也难以理解和接受自己的男人可以同时和多个女人相爱。对女人来说，这只是一个公平而理所当然的道理。

这个男人的多情本性让他爱上了另一个女人，却又离不开与他有深厚感情的妻子，他最终陷入了深深的痛苦当中，被逼接受了一个他不愿意接受的结局，令他丢了一个本来可以很美好的家庭，也因此而丢了事业。这个男人的多情让他陷入一个无法自拔的深渊。

　　对男人来说，多情可以是一种享受，虽然很可能会付出沉重的代价；而对女人来说，多情只会是一种烦恼，女人宁愿一生一世只爱一人。

男人重视结果，女人享受过程

爱情如自驾游，最重要的并非你要去哪里，而是沿途的风光和你对风光的感受。

人，无论在学习或工作的时候，都好像是为了追求结果而活，过程反而只是为了达到目的所需的手段。

在求学的阶段，我们都比较在乎能否在名牌大学毕业的结果，而不太重视过程；当我们工作的时候，无论男女，我们的工作心态会以目标、结果为导向，以求争取更高收入和社会地位的结果。在这些方面，男人和女人都不会有很明显的差异。然而，当男女开始谈恋爱，尤其是结婚以后，男女的心理差异便会显现出来。

当男女建立了爱情关系以后，男人会继续以原来结果导向的心态跟女人相处；而女人却会因为爱情的出现而转变，她们会变得很重视过程的质量。矛盾的是，女人比男人更希望和自己的男人能有天长地久的结果，她们会把过程看得比结果更重要。女人的逻辑是，没有好的过程，哪有好的结果。

女人重视过程，男人重视结果

女人认为男女相处过程的好坏是影响两个人能否白头到老的重要因素。和男人不同，女人比较懂得每个当下的重要性，并会以这种心态来检查和要求她的男人。那就是说，就算女人有多希望与男人有共度一生，如果她经常在与男人相处的过程中感到不快乐，得不到支持她继续和男人在一起的足够养分，女人便会慢慢失去和他过一辈子的意愿。

如果一个女人在婚姻的过程中得不到男人的重视，她就会经常生气，而不明白女人想法的男人往往会觉得很沮丧。因为，男人以为和女人结婚已经是给她最好的结果，所以他才把大部分的心思和时间放在工作上。

男人会想："女人都已经是自己的了，男人是要做大事的，就算女人需要的是一个经常谈恋爱的婚姻生活，也不可能天天为了女人开不开心而打转，更没必要像结婚前那样费神哄女人开心吧！"

然而，女人却认为男人经常忽略了她的基本需要，不明白为何男人可以如此不重视婚姻生活的过程。

女人认为，结婚是为了建立两个相爱的人的家庭，并通过相处的过程来体验亲密关系所衍生的幸福感。如果事实不是如此，女人甚至会怀疑男人是否已经不够爱她，不然，为何一个当初曾向她承诺爱她一辈子的人，却不能让她在婚姻生活中持续感受到他的爱，反而是不断让她的期望落空？很多时候，这是女人会变心甚至引发婚外情和导致离婚的原因，一个并非两个人原来想要的结果！

当男人和女人都明白，原来异性所重视的和自己是不同的，双方就会更懂得理解和珍惜对方。为了改善关系，男人要学习如何更重视相处的过程，女人也需要更体谅男人比较重视结果的心态只是他本性使然，和他爱不爱你并没有必然的关系，更要借此主动地引导男人去明白，女人究竟重视什么。

爱情如自驾游，最重要的并非你要去哪里，而是沿途的风光和你对风光的感受。

照顾与被照顾

男人从照顾人当中获取满足感，女人从被照顾当中享受幸福感。

女人会觉得能够经常被自己爱的男人无微不至地照顾，是一种莫大的幸福，因为女人会通过男人对她说的话和做的行为，判断男人有多关心和爱她。无论女人是否真正需要男人在某一方面的照顾，只要男人愿意以行动照顾女人，女人就会感到幸福。因为男人的行动本身会让女人产生一种被爱、被关怀的感觉，而这种感觉往往是女人最需要的，而不只是行动的表面意义。

比如吃饭，尤其是有很多人一起吃饭的时候，男人如果偶尔在自己吃之前先把女人喜欢的菜送到她的碗里，女人一定会有甜丝丝的幸福感觉。我们都明白，真正让女人开心的并非是得到她喜欢吃的食物，而是男人愿意主动照顾她的心意。

同样的照顾如果由女人对男人做，男人未必会因此而产生和女人一样的正面反应，因为男人比较喜欢通过扮演照顾者的角色而获得满足。男人一般被赋予比较独立和主动的天性，一个成年的男人经常被女人照顾，反而会让男人觉得自己不够男子汉，甚至感到烦厌。所以，男人普遍都比较喜欢通过照顾女人而得到的满足感，他们希望看到女人被自己照顾而得到快乐的反应，会得到一种能够证明男人能力的满足。

男人要在行动中表达爱，女人要引导男人如何照顾你

在日常生活中，真正懂得和愿意照顾女人的男人并不常见，

因为大部分的男人并不懂得女人的真正需要，也不知道女人是如此重视男人对她在生活细节方面的照顾——一些让女人感到幸福与否的重要指标。

如果男人能够对自己的女人细心一点，多些在日常生活中把爱对方的感受化为行动，女人一定会因为你的关怀而对你更好，而你也会因为能够成为一个成功的照顾者，而得到更大的满足感。

女人也不需要以你喜欢的男人照顾你的方式来照顾男人，即使你对男人做了一大堆照顾他的事情，也未必能得到他的欣赏。因为，男人的心理需要在很多时候与你并不一样，你认为很有需要的事情，对他来说可能是没有必要的，甚至是多余的。女人可以多了解你的男人的真正需要，并给予针对性的照顾，而不只是按照自己的想法去做。

女人，多引导男人学会如何照顾你，才是一个真正双赢的策略。

技巧篇

相处小技巧只是相处之道的皮毛，要改善你的爱情关系，你需要关注的并非只是技巧的本身，而是技巧背后的意义，而更重要的是心态上的转变。

▶ 相处小技巧：女人篇
▶ 相处小技巧：男人篇
▶ 舒缓负面情绪的技巧

相处小技巧：女人篇

男人有一种希望把自己的女人照顾好的心理欲望，如果女人能经常满足他的内在需要，他自然会很喜欢和你共处。

以下为女士们提供一些与男人相处的小技巧，让你可以在你的男人心中加点分：

多倾听你的男人对你说的话和分析，尤其是当他想发表高见的时候。当他发现你很留心听他说话，他会更重视你。

多找机会称赞他的强项，如一些他一直认为比较强的能力。如果你特别欣赏他的一些能力，你可以经常提起，只要不是假的，都可以经常说。

在日常生活中，你可以不经意地让他看到你性感的一面。具体如何做就不说了。

多和他聊天，聊一些他特别有见解的话题最好。你不妨向他多询问这些话题，让他给你答案。

购物的时候尽量不要让他等太久，你可以梅花间竹地看东西，你看完你喜欢看的东西以后，可以陪他看看他喜欢的东西，轮流看喜欢的东西，把购物变成令双方都觉得比较有趣的节目。

大事表面上尽量交给他决定（当然你可以暗中影响他），生活中的小事尽量由你自己决定，不要什么都问他意见，大部分的男人都不喜欢处理太琐碎的事情，尤其是生活方面的事情。

尽量以沟通代替生气，如果你真的控制不了自己，直接告诉他令你发脾气的真正原因，并且向他提出帮忙的请求。

不要经常口是心非，让他猜你想要什么，多尝试比较直接地告诉他你的真正意图。男人不知道你的需要并不代表他不关心你，别把男人是否知道你的意图看得那么严重。

不要在男人面前经常批评这个、批评那个，尤其是关于你的亲戚朋友同事的闲话，否则会让你的男人觉得你是一个噪声生产器。

其实男人和女人在身体语言方面的需要是非常不同的，男人在这方面的需要相对比较少和单一。女人可以通过一些身体语言来满足男人潜在的大男人心理需求，目的是要让男人和你在一起的时候更有优越感。例如：

当你们聊天的时候，女人可以把头依靠在男人的手臂上，让他感到你是依赖和需要他的。

走在街上时，女人可以主动用手挽着男人的手臂（不是拉手），让男人觉得你正在依附着他，使他有责任引领着你。

当男人正在烦恼的时候（如开车时迷路等），女人可以说"慢慢找、不急的"等鼓励性的话。在非必要时不要指示男人该如何走，除非男人主动要求你帮忙。这时请尽量显出你的耐性，以表示你对他的支持和信任。

当男人向你发表言论的时候，你可以很专心地看着他的眼睛和轻轻点头，你专心的注视会让他觉得你很尊重他，很懂得欣赏他。

当你发现男人很疲倦的时候，你可以为他按摩一下肩膀，几分钟就足够了。重要的并不是你的按摩技巧，而是满足一下他的大男人心理，和让他感受你的温柔。

因为男人没有女人那么在意身体语言的感觉，女人可以把身体语言做得相对明显一点，确保男人能接收到你的意思。大部分男人都会有一种希望强于自己女人的心理需求，能够把自己的女人照顾好的心理欲望，而很多男人的这种欲望都只是潜在的。所以当你能经常满足他的这些内在需要，他自然会很喜欢和你共处。

相处小技巧：男人篇

女人很重视男人对她所做的小动作，并视之为对她有多细心、多关心和多爱她的评分指标。

女人很重视男人对她所做的小动作，并将之反映成男人对她的重视程度，甚至是爱她多少的一种指标。这些动作都是非常生活化的小事，所以男人很容易会忽略。

吃饭的时候主动把女人喜欢的食物送到女人的碗里面。

帮女人开门和按着门让她出入。

当只有一个位置的时候先让她坐下。

主动帮女人拿比较重的物品。

上私家车的时候按着她的头顶确保她碰不到车门框。

一起生活的时候，在早上离开家门前给个 goodbye kiss，晚上睡觉前给个 goodnight kiss。

女人特别为你煮饭时，男人要主动帮忙布置餐桌和肯定对方的功劳。

无论你的工作有多忙，如果不方便打电话，尽量在一天中最少发一个短信给女人，说什么都是不重要的，重要的是让女人知道你每天都会想起她。

乘坐公共交通工具的时候，选择一个能够反映你希望保护她的位置。

但这些简单而不费力气的小动作往往被男人忽视。当你知道女人会把这些平常的小动作看成你对她有多细心、多关心和多爱她的评分指标，而你并没有做，或者做得不够的时候，你就会明白为何很多女人会"无缘无故"地生气。其实，只要你能坚持每天对伴侣做一些表示关怀的小动作，你便能够立刻改善你们的关系。

此外，男人也需要多学习利用身体语言向女人表达爱意，对敏感的女人来说，身体接触有时候更胜千言万语，让女人的感受更深。这里主要谈谈在平时生活中适用的身体语言，你的动作最好在不经意和没有必要的情况下突然进行，这样的效果会更好。举一些例子：

多轻抚女人不被衣服遮盖的部位，例如手臂、脸、头发、脖子等等。

轻轻亲女人的脸、耳朵或露出的肩膀。

偶尔从后面突然熊抱住她的腰。

当女人的头发乱了帮她拨一下。

和她说话的时候轻轻碰着或握着她的手。

在街上除了牵手以外，多换一下其他的方式和她接触，例如用手搭着她的肩膀或搂着她的腰，让她有被照顾的感觉。

和女人说话的时候，注视着她的眼睛。

争取每一个可以短暂抱着她的机会。

身体语言的变化其实有很多，而且是因人而异，以上的只是一些举例。你要慢慢摸索适合你们的方式，最重要的是发自内心地做，不能为做而做。

别小看身体语言，它是男人对女人表示爱的一种非常有效的方式，而且技巧很简单，随时都可以派上用场，也无须花钱。当你习惯了以身体语言表达自己以后，你不会再完全依靠语言和

女人沟通，你们的沟通方式会变得更立体和到位。如果你能经常对你的女人做一些这样的小动作，你的女人一定会对你更体贴。

　　给男女读者的提示：请不要太依赖这些技巧，这些技巧的目的只是抛砖引玉，希望你能够举一反三，发掘一些真正适合自己伴侣的技巧，毕竟每一个人都是不一样的。相处的小技巧其实只是相处之道的皮毛，要改善你的爱情关系，你需要关注的并非只是技巧的本身，而是技巧背后的意义，更重要的是心态上的转变。这样，你所做的一切自然能够发自内心，技巧已经不再是技巧，而成为一种自然流露的、属于你们之间的生活方式。

舒缓负面情绪的技巧

痛苦的感受往往来自我们对痛苦的想法和对想法的执着。

如果你感到的负面情绪是悲伤、愤怒、妒忌、恐惧、怨恨等等，都可以通过一些技巧得到实时的舒缓，让你感到舒服一些。这些技巧的目的只是为你提供一个有短暂舒缓作用的方法，而并非一些能够真正让你超越烦恼的根本治疗。

减轻心理痛苦的建议

首先，请不要抗拒痛苦的感受，虽然你大概不会太喜欢这种让你受到折磨的感觉，但你也不一定要成为痛苦的敌人。因为当你把痛苦看成你的敌人时，痛苦只会不断地伤害你；其实，你可以成为痛苦的朋友，心态上与痛苦建立一种和谐并存的关系，你便会接受痛苦已经存在的这个事实。这样痛苦便不会继续因为你的抗拒而加剧。当痛苦与你的冲突减少了，痛苦给你的伤害也会因此而减少。

其次，请你深深呼吸几次，然后深入地、平静地、直接地感受令你痛苦的情绪是什么，只是单纯地感受而不加任何评语和想法，让自己与这些令你害怕或讨厌的感受完全同在，好奇地体会情绪在身体中引起的每一个感觉。当你做得够专注时，你会发现，这些让你受苦的感受会慢慢消失，起码不会如以前一样把你牢牢抓着。

最后，在深呼吸几次以后让呼吸的速度放慢，然后很专注地留意每一次呼吸出入，只是不加评语地专注于呼吸和一并跑出来的任何念头，你会开始进入当下，你会发现负面情绪已经不能在当下影响你。在那些片刻，请留意一下你当时的状态，你会发现，令你觉得烦恼和产生负面情绪的原因都消失了。

为何会这样？

因为当你能够完全与自己的身体感受同在的时候，你便能够短暂地深入当下，你的思想会因此而短暂停止，心理上，甚至身体上的痛苦便不能再被你的思想能量增强，痛苦的感受便会自然地减退。

痛苦的感受往往来自我们对痛苦的想法和对想法的执着。所以，当思想在当下停止，你的想法便无法把标签贴在任何事情之上，在那个片刻，你会发现，根本没有能够让你受苦的事情存在。

所有的人、事、物都只是他们本身，而并非由你的观念过滤出来的版本。当你不再以你的观念批判事情的时候，本来让你感到受苦的事情会因为你的觉知而不能继续令你产生负面情绪。

痛苦，其实都是你想出来的。

爱的智慧

大部分的爱情关系都是建基于一些带有条件的交换心理，仿佛你爱对方多少，取决于对方首先为你付出了多少。

你甚至认为你所爱的人是属于你的，因此，你会不断要求对方的想法和行为符合你的期望，你会通过对方为你所做的一切来证明对方对你的爱，你的这些观念却令你不断徘徊在期望和失望的无尽循环之中，而令你深深受苦的原因其实只是一些你对爱应该如何、必须如何的执着。

爱的智慧往往以最考验人的方式在我们的人生中呈现，目的是让我们在还未懂得爱的挣扎经历中醒来，发现什么才是真正的爱。

chapterIII

爱的智慧

　　大部分的爱情关系都是建基于一些带有条件的交换心理，仿佛你爱对方多少，取决于对方首先为你付出了多少。

　　你甚至认为你所爱的人是属于你的，因此，你会不断要求对方的想法和行为符合你的期望，你会通过对方为你所做的一切来证明对方对你的爱，你的这些观念却令你不断徘徊在期望和失望的无尽循环之中，而令你深深受苦的原因其实只是一些你对爱应该如何、必须如何的执着。

　　爱的智慧往往以最考验人的方式在我们的人生中呈现，目的是让我们在还未懂得爱的挣扎经历中醒来，发现什么才是真正的爱。

从相处中了解爱

真正美满的婚姻关系并不需要依赖任何承诺，而当你的关系只能依靠当初的婚姻承诺来维持和保证时，你的婚姻便真的处于危机之中。

▶ 假如今天是你们的最后一天

▶ 从冲突中减少冲突

▶ 婚姻的承诺

▶ 摆脱期望的枷锁

▶ 宽恕别人等于放过自己

▶ 离开与留下

▶ 真正的幸福

▶ 放下，原来是最强

假如今天是你们的最后一天

所有的受苦都只是让你学习超越受苦的契机。

你可能经常抱怨另一半对你不够好，你觉得对方需要更多的改变，才可以让你觉得幸福，你认为现在不能幸福的原因都来自对方的不好，都是对方的错。

你经常要求对方为你改变，你以为自己已经为关系付出了很多，你觉得你总是付出比较多的一方，你觉得这样很不公平。然后，你开始对这段关系感到很失望，你亦想过放弃，而你的心却在你想放弃的时候把你留住，你发现，原来你离不开对方。

眼前像是只有一条路，而你唯有尽量去改变对方。可是，无论你如何努力，效果都不明显，对方的改变往往只能昙花一现，你发现你根本没有改变对方的能力。结果你归咎于你的命运，你只能接受命运给你的安排，你的心态变得非常负面，你觉得自己缺乏动力再支持下去，慢慢地，你对另一半的事情变得漠不关心，最后你甚至会不惜一切离开这个让你一直不快乐的伴侣！

一切的真相就在当下

如果你有类似的心路历程，或者你担心你会有这样的经历和结果，请你现在尝试改变一下你的观点。请你很认真地把今天看成你们能够在一起相处的最后一天，然后留意你心态的转变。

当你发现已经再没有太多的时间和对方相处的时候，你会开始珍惜和对方在一起的每个片刻，你自然会放下以前一直认为最重要的对错判断，你不会再计较你对关系的付出是否公平，你会真心尝试放下对方一直让你无法原谅的错。

其实，这些心态上的剧变来自你对真相的发现。被突然严重压缩的时间，让你马上回到最重要的当下，让你真正懂得珍惜相处的这一刻，让你看清楚你原来有多爱对方，一切的真相都会在这个当下展现出来。

当你回神的时候，你会带着真相回到另一个当下，你会发现以往一切的对错都变得不那么重要，你会明白原来你的烦恼和痛苦一直都来自你对自己一些固有观念的执着。无论你以前觉得你的处境如何不好，如何让你受苦，你会发现，原来所有的受苦都只是让你学习超越受苦的契机。

你已经看清楚自己的真正需要和真实处境；你会学习把焦点更多地放在伴侣的优点上，而不再是缺点或不足的地方；你甚至会明白你真正爱的是这个人的本身，而不是存在于自己思想中的期望版本。你会更自在从容地面对你们今后的关系。心态改变命运，换个角度你的视野将会不同。你已经通过自己的改变向你的幸福走近了一大步。

假如，今天并非你们相处的最后一天，你还愿意回到以前的心境吗？

从冲突中减少冲突

在双方的情绪都非常不稳定的时候，简单的一句话已经可以直接伤害对方的心。

生气的时候，即使是经常说甜言蜜语的夫妻，也会说一些语气很重的话；当两个人争吵得面红耳热，异常激动之际，大家都只想尽量发泄当时的负面情绪。

当你通过语言和行为发泄时，你愈会感到一股来自内在的无名快感，推动着你发泄更多的负面情绪，然后，当你觉得痛快以后，会变本加厉，你说话往往会不顾后果，目的只是要尽量刺激对方，让对方更生气，情绪更激动。

比方说，妻子在生气的时候对你说她对你很失望，要和你离婚。然后，你的回答往往是冲口而出的，你很可能会说："这是你说的，如果你真的要离婚，我一定会成全你。"

很多时候，你明明知道妻子的原意并不是真的要和你离婚，而只是一种发泄当时情绪的方式，你就是为了满足自己一下子的快感说出了这种赌气的话。

一时之气，断送大好姻缘

其实，在双方的情绪都非常不稳定的时候，你的一句话已经足以直接伤害对方的心，因为听的人会把你说的话当真。

当妻子听到丈夫这样绝情的回答以后，会感到很绝望。如果夫妻之间本来就存在很多的积怨，而当大家都冷静了以后，也没有及时向对方解释自己当时说话的动机，没有尽快把怨气化解，夫妻的感情根基便会因此而被伤害。事实上，的确有不少已离婚的男女当初都是因为一时之气而断送了一段姻缘的。

其实双方在生气的时候所说的话大多只是赌气，并非真的发自内心。所以，别轻易把吵架时候说的话当真，更不要相信在情绪非常激动的时候的想法。

以平静的磁场，让对方情绪降温

男女在情绪激动的时候，自然会变得冲动和不理性，而因为反击对方而产生的快感，会成为冲突升级的助燃剂，让双方都不顾一切地说出所有可以伤害对方的话，造成无可挽回的后果。而比较感性的女人往往会比男人更容易先说出这些话，男人在多次受到女人在言语上的强烈刺激和挑衅以后，往往也会变得很不理性，会给予狠狠的反击。

当发生冲突的时候，尝试成为首先冷静下来的一方，而不是期待对方先冷静下来。当你能够靠自己的意识平复自己的情绪，保持清醒时，你平静的磁场自然会影响对方，让对方的激动情绪尽快降温。

两个不同的人一起生活数十年，冲突的发生可以说是无可避免的，是完全可以理解的。诚然，冲突其实可以让双方更了解对方的心理需要和状态，重要的是通过每次冲突的经历，去学习如何减少日后冲突的强度或频率，不要白白错过了学习相处和更深入了解对方的机会，你完全可以让冲突成为你的老师。

婚姻的承诺

婚姻，最重要的并非两个人能够在一起多久，而是相处过程的质量。

其实，结婚的承诺是可变的，它只能代表两个人当时的主观意愿，但是，你又凭什么可以承诺五年、十年、三十年以后的婚姻不会改变呢？你更不可能保证身边的人、事、物和这个世界，不会有足以影响你们想法的转变！

人、事、物天天都在变，变化才是不变的真理。所以，婚姻是要不断在当下用心经营的，夫妻在结婚时说会爱对方一生一世的承诺，并不能保证真的相爱一辈子。有一天，当你们的婚姻出现了问题，也不要轻易放弃这段关系，因为很多时候，两个人的问题并不是因为对方不好，对方不适合你或你们不够相爱，而是你们不懂对方在想什么，不懂如何相处，导致经常忽略了对方的真正需要。

要多珍惜你们今天能够走在一起的机会，这是你们难得的缘分。

从婚姻摸索适合双方的相处之道

其实，婚姻承诺的出发点是很好的，但是承诺并不能真正保证什么，不然现在的离婚率就不会愈来愈高。要维系婚姻关系，靠的并非你当日对结婚的种种承诺，更重要的是如何在每一个相处的片刻，通过了解对方的想法和需要、沟通，摸索适合你们的相处之道。婚姻，最重要的并非两个人能够在一起多久，而是相处过程的质量。

所以，没有人能够对未来保证什么，也不需要保证什么，因为根本无法保证。重要的是你把当下过好，当下才是真实的。而你在当下的状态定必影响你们的未来，所以，你可以通过选择如何在当下与伴侣相爱，从而影响你们的未来。

其实，真正美满的婚姻关系并不需要依赖任何承诺，而当你的关系只能依靠当初的婚姻承诺来维持和保证时，你的婚姻便真的处于危机之中了。

摆脱期望的枷锁

当你对别人有所期望时，就如同把你的主动权交给了别人，而你亦只能在别人满足了你的期望以后才能开心。

不要经常责怪对方没有达到你的期望因而迁怒于对方，因为期望往往是导致情侣或夫妻发生冲突的主要原因。

你可能一直认为，你对另一半有期望是非常理所当然的，因为你是对方的另一半，你好像有权利要求对方达成你的期望。可是，你这样想，其实只是把你自己认为是对的和好的标准强加于对方身上，将你是否快乐寄托于对方能否满足你的期望，于是，你变得非常被动，并且不能主动控制情绪。

你要让别人做你情绪的主人吗？

当你对别人有所期望时，就如同把主动权交给了别人，而你亦只能在别人满足了你的期望以后才能开心。如果结果与你的期望有所偏差，你便会感到失望。最终，你的失望总比开心多，而你愈失望，你为对方定的新期望就会愈高，而且会愈难达到。

你对另一半期望的执着，反而让对方难以实现你的期望，你知道吗？

你对目标的盲目期盼是一种执着的思维，让你经常不期然地增加自己和对方的压力，而这些压力是负面的。当你无形中施加的压力愈大，对方的心就会愈抗拒，对方愈抗拒，反而会让对方承受更大的压力，并开始对你的要求反感。最终，你的期望只会变成实现期望的一种阻力，而不是助力。

其实，你无须对另一半抱有任何期望。

这听起来好像难以置信，其实，你要先做到你期望对方做到的事，并且你要先成为你期望对方成为的人，这样你就会成为一个很好的榜样。你以行动和诚意证明了你的期望是有用的，是对你们的关系有正面帮助的。

这样，你的心态和行为自然会影响对方的心态和行为，你不再被动地等待对方能否先满足你的期望，这时的你已经变成一个能够主动控制自己情绪，甚至命运的人。

由你掌握自己的命运

如果你们已经结婚，你们的命运必定是息息相关的，你的正面改变自然会相应地影响对方，你们的关系也会因为你先踏出关键的 步而得到重大改善。

今天就尝试把原来对另一半的期望都放下来，看看会有什么事发生。不用担心，你不会因为这样做而分手的。相反，如果你能够真正放下对对方的期望，你就不会再因为失望而感到受苦，你就不会那么容易生气，而对方的压力亦会减轻很多，你们的摩擦也会大大减少，你会在两个人的相处中感到更开心和自在。

有一天你会发现，对方很轻易和乐意地达到了你原来期望对方做到的事，你的不期望反而会让你更容易达到原来所期望的效果。

宽恕别人等于放过自己

幸福，是不会走进一些没有经历、没有准备好的人生的。

当伴侣做了一些让你非常生气的事情时，你可能会无法原谅对方，因为你难以忍受爱你的人会如此对待你，你甚至觉得对方的行为是一种不再爱你的表现，让你感到现实对你的残酷。其实，事情未必真的如你想象般严重，换句话说，大部分的感情问题都是可以解决的。

关键是，你是否愿意给对方一个机会，当你这样做时，也等于给了自己一个机会。

幸福的代价

无论你认为对方做了什么错事让你觉得难以原谅，请先冷静地问问自己的心，你还爱对方吗？你认为对方还爱你吗？如果，你的答案是肯定的，那么，你为什么要放弃已经在手中的幸福，而执着于一些对错的想法呢？你证明了你是对的，对方是错的又如何？你可能为了对错观念的原则，而付出幸福的代价，值得吗？

其实，幸福并不是必然的，你想要得到它、维持它，都要通过或多或少的考验。你能否得到幸福还要看你的能耐、你的坚持、你对人生意义的领会等等，而幸福是不会走进一些没有经历、没有准备好的人生的。

如果你的另一半做了一些伤害你们关系或难以补救的事情时，你的气愤让你无法再原谅对方，在你打算放弃这段关系的时候，请你再冷静一下，请你更清醒地面对你们当下真实的状态。

你，真的要放弃这段关系吗？

如果对方已经对你表达了悔意，并且让你感受到他的诚意，请你尽量原谅对方，真心地宽恕对方，别轻易放弃命运给你安排的伴侣。

给对方一个重新开始的机会等于同时给自己一个新的机会，一次为自己争取幸福的机会。

宽恕是一门不容易毕业的人生课题，需要你放下很多一直认为是正确无误的价值观。可是，当你真的愿意放下、能够真心地宽恕时，你会发现这样做其实也是释放了自己。

然后，你会马上感到放下和宽恕所带来的自由与平静，因为当你以充满仇恨的思想伤害别人的时候，也同时在伤害自己。放过别人，就等于放过自己，一切都只是一念之差，却有天渊之别。

宽恕就是爱，你的真心宽恕将会让你体会何谓真正的爱。

离开与留下

离开对方是相对容易的决定，留下来面对却需要真正的勇气。

当问题出现了，有些人会选择面对，有些人会选择逃避。

选择面对是需要勇气和毅力的，你需要在原来产生问题的地方解决问题，这是比较不容易的。而选择放弃是相对比较简单的，虽然你原来的痛苦可能会因此暂时消失，可是，你的问题并没有因为你的逃避而真正消失。

同理，当夫妻的相处出现了严重问题，有些人会轻易选择放弃。当你放弃以后，会获得实时的快感，会觉得一下子轻松了很多，你以为这就是真正的解脱。你知道你为什么会有这种感觉吗？

带来的是真正的解脱，还是无尽的悔意

当你决定放弃对方的时候，你们的关系就不再一样了，你已经没有权利要求对方为你做什么，你一直坚持的对错观念突然不再重要，而你原来对对方的期望也会马上失去意义。当你不能再有什么期望的时候，你会觉得你的痛苦马上减轻了很多，因为你的痛苦来自你对另一半的期望，和对方如何一次又一次地让你失望。

可是，当你真的离开对方一段时间以后，当你对对方已经完全没有期望和要求的时候，你可能会发现，无论你认为对方如何伤害过你，你原来还是那么爱着对方。当你后悔的时候，往往是无法回头，要么你的面子让你却步，要么对方可能已经另结新欢。你当初决定放弃的快感很快就消失了，换来的却是无尽的悔意和无奈。

如果你不希望离开对方的决定换来日后更多的痛苦，请你不要轻易放弃你们已经拥有的缘分，并尝试改变自己的心态留下来去重新面对你的婚姻问题。

改变自己心态的决心

是的，留下是比离开需要更多的勇气，你可能会因此而担心可能承受更多的痛苦，可是，最值得你珍惜和对你最重要的是你们还在相爱的事实，而不是你一直执着的对错。

如果你选择留下来继续面对婚姻问题，你必须有改变自己心态的决心，也必须有包容别人和重新开始的勇气。不要再期望和要求对方为你做什么，你要做好你自己，也要懂得自爱。

所谓施比受更有福，如果你发现你还爱对方，不如多以行动表达你的爱，也要多爱你自己，并非等待对方先爱你。你留下来的勇气会让你有机会把你自己、对方和你的婚姻问题看得更清楚，而你的改变将会改写你在婚姻中的经历和感受。

离开对方是相对容易的决定，留下来面对却需要真正的勇气。

真正的幸福

别让外求的观念，令你一次又一次地错过通往幸福的路口。

你一直在努力追求快乐和幸福的婚姻生活，却不断地跌跌碰碰，你觉得追求的过程让你很辛苦，你说你已经很努力了，可你还是找不到你想要的满足感，是吗？

在夫妻生活中找不到快乐

如果你花了很长的时间都找不到幸福的感觉，找到了的又会很快消失，你很可能是找错了方向，你一直向外寻找你的幸福，你把你的幸福和快乐都寄托在你的外在——你的另一半，你让对方成为决定你是否快乐和幸福的原因。然而，你也知道你无法完全控制对方如何对待你，结果你执着于外在的观念令你变得愈来愈被动。

在日常的夫妻生活中，你开始发现，你根本无法主动控制情绪，你发现你的快乐并不能持续，你经常感到患得患失。因此，你经常不快乐，你甚至觉得幸福对你来说是遥不可及的幻想，你的心情不断在得失之间交替，你的情绪在与伴侣相处的经历中不断起伏。

在爱情关系中，快乐和幸福并不取决于你的外在，也不必取决于你爱的人。因为你的外在并不受你控制，不要只懂得抱怨伴侣如何对你不好，你愈抗拒与你的生活息息相关的人和事，你愈会感到痛苦，你愈无法得到快乐。比如说，你赖以为生的空气、地球和你的父母，你可以改变这些外在条件吗？如果你抗拒这些与你息息相关的人和现状，你能感到满足和快乐吗？

快乐，其实很简单

其实，真正能够让你快乐的途径是很简单的，如果你不能改变你爱的人，只要改变你对她／他的心态，完全接受你爱的人的一切，不加入你的主观期望，只是接受对方原来的样子，懂得欣赏对方的优点而包容你一直认为的对方的不足，懂得珍惜和对方在一起的每个当下，你就会感到幸福。

幸福并非必然的，你们今生能够互相吸引，能够相爱，能够生活在一起也并非偶然，这是多少缘分的牵引和你们为对方、为自己付出的结果，而你一直往外求的观念却令你一次又一次地错过通往幸福的路口。

其实你想要的一直在你的内在，只要你明白，可以通过如实地接受和包容你的现状，从而得到快乐和幸福，无须等待你的外在因素的改变以后才能获得满足。

真正的幸福和快乐是一种心态，这个结果只等待你自己的选择。

放下，原来是最强

每个人都需要经历背着包袱的沉重，明白放下包袱的轻松和自在。

感情方面的痛苦和烦恼往往是由执着造成的，执着的其实只是一些存放于头脑中的对错和好坏观念，一些你认为对方应该如何、一定要如何的想法。

当对方的行为未能符合你的想法时，你会为了坚持你的想法而要求对方更多，当对方的行为再一次令你失望的时候，你便会承受着很大的痛苦，然后把自己看成一个受害者，这个想法往往让你感到更痛苦。你不断无意识地折磨自己，这一切都只因你对自己想法的执着。

你不断想办法希望伴侣能够了解你的想法，希望对方能够改变自己迎合你的要求，而你却发现，你似乎永远无法真正改变对方，你发觉自己已经堕入了一个没有出路的死胡同里。

对于经常在爱情关系中受苦的人来说，执着是最普遍的让人受苦的原因。

想象一下，执着就像背着一个沉重的背包上山，你很累，却不愿意在途中放下任何一件东西，你的某些固有观念让你把一些自己认为重要的东西紧握不放。然而，执着只会令你更痛苦，无法达到你真正想要的结果。

成为生命的观察者

对于一切能够让我们感到痛苦的人和事都不要执着，亦不用刻意抗拒或逃避，也无须对之表示赞同。你只需以包容心如实地接受让你感到痛苦的人和事的本身便足够了。

有一天，当你终于通过事情的表象发现内在的真相时，原来，一切的痛苦感受都来自自己的观念和想法，这是你感到受苦的真正原因。

当你真正愿意放下对自己思想的种种执着时，你会成为一个生命的观察者，不再把不如意的生活标签为不幸，也不再会被观念的惯性和恐惧驱动一切思言行，你自然会变得更自在。

受苦烦恼皆执着，放下原来是最强。

从生命真相中觉醒

人生的一切经历都是中性的，没有一个经历是错和负面的。

人生课题

一切人生经历都是你的课题，都能够给你考验和提醒，让你反思人生意义。

对很多人来说，爱情往往以一种让我们受苦的方式出现在我们的人生中，很多相爱的人会因此而抱怨自己的命运，或怨恨本来深爱的人。

你不明白为何需要在爱情的关系中如此受苦，你会愈想愈痛苦。因为你们相爱，而且不愿意放弃对方，这使你一直生活在活生生的思想地狱里面。对你来说，前面的路只有痛苦和恐怖，并没有任何找到出路的希望。你问，难道人生就只是一次又一次的受苦经历吗？

你的伴侣，是为你提供难题的人

其实，在爱情关系中让你受苦的种种经历，都只是让你通过受苦的经历，而放下它们的人生课题。每个人都有或多或少的人生课题，你是做功课的人，而你的伴侣往往是为你提供难题的人，而这些难题的目的却并非让你活在无尽的痛苦之中。

一切让你受苦的经历都只是经历的本身，而经历的本身是不带有任何属性的，我们会因为一些经历而受苦，是因为我们把负面的标签贴在了经历上面。

人生功课的确有难有易，却都是中性的。无论人生的功课如何令你感到艰辛，如何考验你的耐性，功课的本身并非为了摧残你而来的。人生功课的作用是为了给你一些你所需要的经历，而这些经历，尤其是爱情方面的经历，往往会以让你受苦的考验形式出现。

然而，大部分人会选择以头脑驱动的惯性，以负面的想法来解释经历。如果你无法在这些让你受苦的经历中扔掉思维的枷锁，类似的遭遇只会不断出现在你的人生中，直到你能够完成这些功课给你的考验为止。

在人生的课题中，学习重点是通过明白生命的真相，有意识地重新选择看待所谓负面经历的心态，从而放下你一直认为对方和自己的人生应该如何、一定如何的种种固有观念。这些根本上的转变能让你们的因果关系变得平衡，这样，你们之间的难题也会愈来愈少，藉此让你们更容易在爱情关系中得到快乐。

经历生命蓝图的预设情节

需要学习的人生课题都是因人而异的，每个人都可以在人生的种种经历中通过受苦使心灵保持觉知，从而发现你的人生功课是什么。

在爱情关系中，比较重要和普遍的课题往往包括：抗拒与包容、执着与放下、烦躁与耐心、仇恨与宽恕、爱与恐惧等等。

在人生中，没有任何事情是偶然发生的，你的一切经历其实只是自己的生命蓝图中所自由选择的一个预设情节，而你的每一个经历，都是你为自己选择的结果，即使你的很多选择都是无意识的。

　　一切人生经历都是你的课题，都能够给你考验和提醒，让你反思人生意义。你只需选择放下自己的一切执念，便可以回复本来就完满的状态，这是你这一生的真正目的。

由爱自己开始

自爱的人内心是富足的，他无须为了满足自己的需要和欲望，而不断从别人那里索取更多。

如果你没有钱，就无法捐助别人；如果你没有智慧，就无法教导别人；如果你没有爱，也不可能与别人分享爱。当你爱自己，让自己充满了爱，你才能真正地爱别人。

爱自己的一个最简单的定义，就是不再容许一切人、事、物，包括自己对你造成伤害。

你对人生感到绝望吗?

很多人对伴侣所做的，其实都只是自己认为是爱的行为而已。这样，你经常会处于一种对方应该如何对待你、爱你的等待状态。你会发现，别人对你的付出往往不如你期望中的那样，你的感觉是，你的不断付出换来的只有对方的冷漠，甚至是无动于衷。

这些想法让你不断在爱情关系中受苦，你不明白，为何爱一个人会如此辛苦，你会发现自己经常活在怨恨的情绪当中。

你不断把你的痛苦看成伴侣的错，甚至是对方不爱你的结果，这个想法不断把你的怨恨升温，你觉得自己是个受害者，除了责怪别人外，你也开始感到自己的不幸，你深感无助和自暴自弃。对这时候的你来说，快乐和幸福似乎是遥不可及的奢望。你甚至会想，自己可能会继续怀着怨恨和悲愤的情绪度过余生，然后你深深地绝望了……

这是你的写照吗？

就算是，我可以告诉你，你是可以完全靠自己的力量摆脱这样的困局的，而改变的第一步就是爱你自己。

你会说，自爱不是自私吗？

其实，自爱和自私是完全不同的，自私是为了满足自己的欲望，是一种思维的产物，一种由恐惧而生的需求，一个需要不断往外求和被不断填满的无底深渊。一个自私的人并不会真的爱自己，因为爱自己的人的行为不会被恐惧驱使。

自爱的人内心是富足的，他无须为了满足自己的需要和欲望而不断从别人那里索取更多。

没有不完满的人生

当你真的爱自己，无论你做了什么、没做什么、经历了什么，你都不会再批评自己，不会怨天尤人。你的思、言、行的出发点都会来自爱，而不再是恐惧。

无论你以前认为自己如何不幸，犯了什么错、如何不完美、如何不受欢迎，你仍然懂得感激自己、爱惜自己、不勉强自己，对自己永远不离不弃，是一个真正充满自信的人；相反，感到受苦而自残甚至自杀的人，都是一些不爱自己的表现。

你是完满的，而且我们每一位都是。因为生命的本身就是完满的，生命不可能有任何差错或不完满的地方。不然，人类早就不存在了。

我们都是组成整体生命的个别生命体，是完满生命的体现。生命是一个互相交织和影响的能量网络，万事万物都在其中，每个个体的改变都能够影响整体。

让你觉得自己不完满的只是你的想法，你明白吗？

请停止一切容许自己或别人让你变得不够好的想法，你便能够体会你的完满和真正懂得自爱。当你能够无条件地爱自己，你便成为充满爱的载体，你再不需要刻意做什么来爱别人，因为你就是无条件的爱本身，你所充满的爱提供了一个水流的落差，让爱的能量自然地通过生命的网络流向你身边的每一个人，并感染每一个心灵。

有一天，你会发现，当你能真正爱自己时，你所能触及的世界也将充满爱。

受苦只是你的一堆想法

我们不必排斥情绪，但要懂得如何不被无意识的情绪控制。

你在爱情关系中所受的苦都是自己想出来的，不是真的，虽然你的每一个感受都是如此逼真。

试想一下，当你正在做梦的时候，尤其是身处噩梦之中时，你会觉得你看到、摸到、听到的一切东西都是假的吗？

不会的。梦境就是那么逼真，所以你根本不可能发现你当时所感知的情景不是真的；而当你醒来以后，你会马上发现和接受，刚才经历的恐怖都不是真的，一切的景象和感受都只是你思想的产物。虽然你心有余悸，你的惊醒很快会把你的恐惧驱散，你甚至会说："能够早点醒来真好、真幸运！"

在噩梦中感受的痛苦都是自己在梦中想出来的，与真实世界无关。在我们的感情生活当中，情况都是一样的。你以为你的伴侣所做的事情让你受苦，其实，伴侣所做的只是事情的本身，而每件事情的意义完全是由你的想法决定的。

别把固有观念标签在人、事、物之上

当然，你的想法可能与很多人一致，所以你轻易认同自己的想法，并认为这是一些铁律。可是，决定你如何看待一件事情的永远都是你，你通过对事情好坏、对错的固有观念，把某个标签贴在人、事、物之上，然后你把这件事情判断为一个让你受苦的根源。

其实，这是一个无意识的思想陷阱，在爱情关系中的人很容易陷入其中而不自知。

当伴侣对自己做了一些事情以后，你的想法就会自动跑出来去评论这件事情，然后自动生起一些对应于想法的负面情绪，例如愤慨、难过、恐惧、失望等等，然后你又会根据这些情绪而做出反应，一些带着负面情绪的响应。伴侣很可能和你一样，会以自己的固有观念解读你的响应，并自动生起一些对应的情绪，冲突就是这样重复地在你的爱情关系中被触发。

当然，我们都是人，有情绪都是正常的，我们不必排斥情绪，关键是如何才能不被无意识的情绪控制。当你明白情绪只是你固有观念的产物时，你便可以较快地从受苦的笼牢中获得释放，就如同在噩梦中醒来一样。

你会发现，原来你不必因为伴侣做了什么、没做什么而受苦，因为真正能够让你受苦的元凶只是你自己的一堆固有观念。当你察觉这个真相以后，你的情绪会很快回到比较平和和有意识的状态，这时候，你给伴侣的响应也会更清明。

有一天，不断让你们发生冲突的恶性循环将止于你的清醒。

内在伤口

你是因，外在是缘，而你的感受和反应就是果。

你对外在所发生的事情的负面感受，其实反映了你当时的内在状态，你能够被外在的事情深深伤害是因为你有内在的伤口，并且往往是突然引爆极大的负面情绪的原因。外在的因素只是触发你本来就有的伤口的一些助缘。你是因，外在是缘，而你的感受和反应就是果。

举个例子，有天你打开花洒以温水洗澡的时候，如果突然感到身体某个部位出现剧痛，你根据痛的部位查看是怎么回事，然后，你发现原来让你感到剧痛的地方，是一个还未愈合就已经被你遗忘的伤口，你不会认为是来自花洒的水让你感到痛楚，让你感到痛楚的原因，是你的身体有些尚未愈合的伤口，水只是触碰伤口的一个外在条件。

内在伤口往往是一些曾经让你感到非常伤痛的经历所产生的痕迹。

与伤痛的感觉同在

因为伤口在当时并没有被好好地处理，这个伤口也没有自动疗愈，只是一直与其他的伤口储存在你内在的某个隐藏角落里面。你以为你没事了，你以为你的伤口已经因为时间被淡化了。而当外在世界的冲击再次触及这个内在伤口的时候，你感到的痛苦如发生了连锁反应一样倍增，结果往往比自己想象的还要严重。

所以，你才是能够让你感到受苦的源头，当这个因被消除以后，外缘是无法产生你被伤害的果的。要清除内在伤口，你需要很大的勇气和爱自己的决心，你要不带批判地面对你所有的情感伤痛，并尝试与伤痛的感觉同在。无论伤痛是由伴侣造成的，还是由自己造成的，请以最大的包容深入观察和接受这些伤痛，真心地宽恕所有造成伤痛的表面原因，当你这样做的时候，可能会被排山倒海的情感巨浪冲击，让你泣不成声……

没事的！因为勇敢与清醒地察觉、面对和接受伤痛，就是疗愈内在伤口的最有效方法。你将会真正释放隐藏在你内在的固态负面情绪，把你从自制的痛苦笼牢中释放出来。

让自己快乐，让你所爱的人更快乐

当你的身体再没有任何未愈合的伤口，花洒的水还能令你感觉到痛楚吗？

不能了。当你不会再被外在的人或事情伤害，你会发现，一切外在世界发生的事都只是事情的本身，能够伤害你的只是你的伤口和你不断对负面想法的认同而已。而当你把内在伤口完全清除掉以后，会感到史无前例的轻松与没有内在伤口的自在和平静。

当没有内在伤口能够再影响你的时候，你的想法将不会像以前一样那么容易变得负面，你更能够自由和清醒地选择自己的想法，而正面想法将不会为你制造新的伤口。你成了一个更懂得如何让自己快乐的人，而你的快乐也将让你所爱的人更快乐。

以爱导航

产生负面想法的真正元凶，其实是你内在的恐惧。

看到这里，你大概已经明白，让你在感情生活中受苦的主要原因是你的想法，那么，究竟是什么因由让你产生这些一直让你受苦的想法呢？

让你产生这些负面想法的真正元凶，其实是你内在的恐惧。

你可能没察觉，每个人的内心都或多或少埋藏着恐惧的因子，而这些恐惧一直影响着你的想法，一直在暗地里左右着你的人生。

内在恐惧愈大，外在索求愈大

其实，地球上大部分人的思、言、行都是由恐惧驱动的，而人类最底层的恐惧是对失去生命的恐惧。因为你的出发点是来自恐惧，你的恐惧感会在你感情生活中以思想和行为表现出来，因此你所表现的大部分行为都只是你内在恐惧的反映，你的想法是一些你用以逃避和抗拒内在恐惧的欲求，一种为了保护自己，需要从外在获得更多满足感和安全感的心理需要。

两个相爱的人会长期因为恐惧不断向对方索求更多，期望让自己获得更多从而感到安全，可是基于恐惧的行为只会增加我们的恐惧感，而不是真正的安全感。

我们会恐惧是由于害怕会失去，而真相是，我们根本不会失去，也无法失去我们真正需要的东西，包括我们的生命。因为我们真正需要的东西来自我们的本质，通过向外追求而获得的任何东西，都并非我们真正需要的。所以，你并没有什么需要担心和恐惧的，因为你在一生中所真正需要的东西都是无法失去的。

有意识地检查你的每个想法

其实，你可以通过有意识的选择来改变你思、言、行的出发点，只要你能够经常检查你每个想法的出发点是不是恐惧，并观察这些想法如何令你不快乐，甚至破坏你的爱情关系，你便会愿意重新选择以爱而不是恐惧，作为你今后每个思、言、行的出发点。你会问自己，我这样说、这样做是出自恐惧还是爱？如果不是爱，你完全可以通过有意识的选择而改变。

让爱取代恐惧在漫长的爱情关系中做出指引，你会发现，爱才是你的本质，恐惧只是爱的临时缺席。当你无畏地选择以爱为爱情关系做导航的时候，爱的出现就会如阳光一样驱散一切黑暗，让你们的关系能够经常处于一种喜悦和平静的状态当中。

不易被察觉的真爱

真爱无法被想象，只能被感受。

如果真爱是一种完全无私并愿意为对方无条件付出的情操，很多人都会觉得能够真正达到男女之间的真爱标准是不可思议的。

因为我们从小到大都接受着公平交易的做人原则，我们一直认为付出与回报一定要对称才算公平，才是真理。所以，在感情关系中，每个人总是自私的，把有条件的爱看成理所当然的。

被误解的真爱，不断往外求的想法

现在有些男女确实把爱情视为一种两个人的交易关系，你如何对待你的另一半要视乎对方如何对待你，然后你才决定是否为对方付出多一点以作为回报。当然，如果你觉得对方并没有为你付出什么，你会觉得很失望和生气，因为你一直都对对方带有主观的期望。

可是，当两个人都在等待对方先付出，然后自己才愿意付出的时候，两个人都只会在等待的状态，结果双方都会维持不动，最后就会不断责怪和埋怨对方没有做好，一切都是对方的错，自己是受害者。

你认为这是真爱吗？

很多夫妻认为爱就是要对方先爱自己，这是因为太以自我为中心了，这是一种自私而非自爱。很多真心相爱的夫妻其实都误解了爱的关系，他们以为夫妻就是一种两个人不断期望对方满足自己心理需求和个人欲望的关系。

冲破观念的枷锁，察觉自己有多爱对方

其实，你有这样的观念并不代表你们的关系不是真爱，只是你在平常的生活中因为太重视自我满足而令你无法看到真相，你与心灵已经脱钩。作为情侣或夫妻，你很可能已是真正爱着对方，只是还不知道真爱是什么而已。

真爱隐藏在人的内心深处，因为被层层观念遮盖，是不容易被察觉的。所以，人往往要到了面临与爱人分开而产生悲痛和冲击的时候，才能察觉自己原来有多爱对方，才会突然明白原来自己的一些固有想法并不真正重要，才开始体会真爱的面貌和意义。到了那个时候，你便会真正了解你们的关系是建基于真爱，还是一种为了满足自我需求的表层感情交易。当你尝过真爱的滋味以后，你会愿意依循真爱的定义对待你爱的人，因为你与从前已经不再一样了。

真爱是不容易被察觉的，好消息是，你根本无须待到将失去所爱的那一刻才能体会真爱是什么。只要你愿意放下自己固有的观念，放下你认为别人应该如何的评判，然后敞开你的心灵，只用单纯的心感受与伴侣相处的每一个当下，你自然能够感到真爱在两个相爱的人之间流动。

真爱并非如你以前所想的那样，因为真爱无法被想象，只能被感受。你会发现，原来你就是爱的本身，而让你一直无法察觉这个简单真相的原因，正是你不断向外求的想法。

原来，一切都是为了你好

你的喜悦并非来自你的外在，你的本质就是爱和喜悦。

每段人生经历都是为了你好才出现，你知道吗？

你说你无法认同这个说法，因为你经常在爱情的关系中受苦，你认为这些苦都是伴侣造成的，难道这些让你受尽折磨的经历也是为了你好而来的吗？

是的，虽然对你来说，表面并非如此。

受苦的感受只是思想的产物

其实，几乎所有情侣或夫妻在相处的过程中都曾经有过感到受苦的经历。而因为你对自己的人生应该如何的固有观念，你很自然地把这些经历定性为负面的，或由伴侣的错所造成的。而真相却是，人生的一切经历都是中性的，没有一个经历是错的和负面的，虽然你认为表面的确如此。

对错的观念和受苦的感受其实都是你的思想产物，都是自己想出来的，而不是经历本身的属性。当你认为对方的错是让你受苦的根源，你的伴侣也很可能会认为错的是你，受苦的是他/她。

真相是，人生的目的是为了超越你的思想，让你明白，无论你的人生经历是什么，你都可以快乐，因为爱和喜悦都是你的本质，你的喜悦并非来自你的外在，你需要的只是放下让你看不清这个真相的障碍物，而这些障碍物，恰恰就是你一直认为真相不是这样的一些固有观念。

在一个更深的层面，原来你的伴侣就是为了让你领会真相而出现的人，因为伴侣对你的爱是无条件的，对方非常愿意在你的生命中扮演这个如此重要的角色，虽然当事人往往并不知情。

这个角色的真正作用，是为你提供一些你所需要的经历，让你产生对经历更深层次的领悟，包括体会何谓真正的爱、何谓包容和放下固有观念等等你还不了解的生命真相。

真相往往会以让你受苦的经历呈现眼前，让你通过体验痛苦而放下这些让你受苦的观念。

感激你的伴侣——那个助你领会真相的人

当你明白原来你在爱情关系中的一切经历都只是一些让你超越受苦的催化剂，伴侣是为你提供成长经历和体验的助缘的，你自然会对伴侣心怀感激而不再是建基于对错观念的抱怨，你自然能够更懂得包容这个与你相爱的人。

你的伴侣能够在茫茫人海中与你相遇和相爱，然后共同选择了一起生活，从中你会获得种种甜酸苦辣的人生体验，你认为这些都是偶然的吗？

不是的！你们的关系其实是缘分牵引的结果，是一些让你通过放下执着，而前往内心自由的契机，一切都是为了让你发现生命的完美。

每段人生经历都有其发生的正面原因和作用，只是你还未发现而已。现在，请你平静地、不带批判地，用心感受一些曾经让你非常伤痛的经历，你会慢慢发现这些经历对你的某些作用和意义，而不再是一种伤痛的感觉，除非你把伤痛的标签再次强加于这些已经过去的经历上面。

人生的经历，其实都是为了你好。

后记

看到这里，如果你已经被书中的某些文章启发，令你更有信心凭自己的力量改善爱情关系，请感谢你自己，因为一切都只是你的选择。

很多时候，两个人并非不相爱，只是因为不懂如何爱对方和自己，才会在相处的过程中不断发生误解和摩擦，不断对感情造成伤害，最后甚至断送了本来很美好的姻缘。如果问题长期没有得到适当的关注，没有从心态层面下功夫，就算你今天选择了结束一段你认为是糟透的爱情关系，同类的问题还是会在另一段关系中重复出现，直到你觉悟为止。

能够令你受苦的只是你自己的想法，你原来可以通过有意识的选择而放下自己的固有观念，成为自己情绪的主人。你可以在爱情关系中，通过无条件地接受与包容自己和对方，而获得真正的心灵安顿和喜悦。

真相是，曾经让你感到受苦的经历都是你的老师，因为人生的每一段经历包括那些表面看来糟透了的经历，都是为了令你获得某些你所需要的体验而来的。

此外，多了解异性与自己在思想及行为方面的差异，学习相处之道，用心持续经营关系，以包容代替批评，以爱而不是恐惧作为每天思、言、行的出发点，你的人生将会因此而改变，获益的不单是你自己，也包括你爱的人，甚至所有与你互动的人。无论如何，问题只有一个，就是你会如何选择，而你的每个选择都将会影响你的未来。

当你愿意踏出第一步，并由自己开始做出转变时，我相信，你的爱情关系必定会逐渐出现正面和质量上的转变。因为引发转变的源头并非来自你的任何外在处境，而是你自己。有一天，你将会发现，你发自内心的转变将会转变你的世界。

最后，希望你能够享受阅读这本书的整个过程，可能你不会马上看懂或认同所有的内容。我相信，你一定能够在与你有共鸣的一些内容中获得让你反思、受用一生的启发。

如果你对本书有任何意见及体验分享，欢迎给我发邮件，我会尽量给你回复。

邮箱地址：what2believe@gmail.com

附录一 爱的真相

真爱是无条件的

当你真正爱一个人时，你不会再计较为对方付出多少，你会无条件地奉献自己。爱不会像交易一样，你做什么是由你期望得到什么回报决定的。如果你真正爱对方，你的最大回报是知道对方能够快乐和幸福。

真爱不需要期望

当你真正爱一个人，你并不需要期望对方为你做什么，你会坦然接受对方，你会懂得顺其自然地与对方相处并做好你自己，而不是不断索求对方为你做些什么。你对期望的执着反而会增加你达到期望的阻力。

真爱是宽恕与包容

当你真正爱一个人，你不会挑剔和批评对方，你只会更多地检讨自己。你会愿意真心宽恕对方的过错，而不光是口头的原谅。真爱就像大海，当你成为充满爱的海洋，你就会有无限的容量和内涵包容对方和自己的一切。

真爱不一定要拥有

当你已经爱一个人，你会愿意在必要的时候放手。你不想因为强迫对方留在你身边而增添对方的痛苦。如果对方因为离开你而得到快乐，你会真心地接受对方的离开。因为真爱并不是拥有，你只希望对方快乐。

真爱是一种自由的关系

当你已经爱一个人，你会给予对方自由，你并不担心对方会滥用自由，你并不会介意对方如何运用自由，因为你的爱已经是无条件的。你不会因为对方达不到你的期望和不能给你回报而产生恐惧。你更愿意看到的是对方能够因为获得自由而更快乐。

爱并没有对错

爱并没有绝对的对错。所谓的对错都是一堆你想出来的概念。一切的行为都是你自己的选择，每个人都有自由选择的权力，你只需要对自己所做的选择负责。如果你只关心对与错，就会经常把自己标签为对错判断的受害者。当一个人总以对错观念看待别人，便很容易把自己看成一个由对方的错导致的受害者，继而感到一连串的痛苦。你只会看到一段充满怨恨的关系，而看不到关系的其他真相。你对对错的执着，令你活在想象出来的痛苦之中。

能自爱才能爱人

你要懂得爱自己才能爱别人，一个充满爱的人才能拥有爱的正能量，才能把你的爱分享给别人。一切怨恨、责备、后悔、哀伤、忧虑等负面情绪能够发生只因你容许，这不是由于外在的原因，更不是你的错，只是你不够爱自己的表现。一个充满怨恨的人又如何让别人感受到你的爱呢？你能够爱你自己以后，才能爱别人，才能真正快乐。

爱是宇宙最大的力量

宇宙间的一切人、事、物，物质的和非物质的都从爱而来，所以爱是万事万物的母体。我们都是宇宙的一个组成部分，所以爱也是我们的本质。无论你的经历如何令你感到痛苦，你无须恐惧，因为你就是爱，爱是宇宙最大的力量。当爱从你的内心升起，当爱成为你，一切的伤痛自然会被疗愈。

附录二 网上论坛问答节录

（以下的问答内容取自某香港论坛真实发生的对话，口语化的问题和回答内容已被重新编写，以符合编辑方面的要求及令回答的内容变得更完整。）

问：看到你在论坛写的东西，我哭了。虽然我明白人生需要试炼，可是，我在爱情经历中所受的苦真的令我难以忍受。如果做人是为了受苦，我真的宁愿不来这一趟。

答：受苦是由我们的思想造成的，并非事实。虽然你可能感到过程很辛苦，可是，愈让你受苦的人生经历往往也是对你最重要的人生功课，你需要完成你的功课才能平衡你和伴侣之间的关系，你需要完成你的功课才能得到心灵一直渴望的养分。

你需要通过受苦的经历超越让你受苦的包袱，重回本来就可以快乐的本质。每个人的经历其实都只是一些表象，重要的是每个表象背后所包含的意义。所以，不需要执着表象（受苦经历）的本身，经历是让你能够了悟生命真相的契机，都是为了你好，虽然表面往往是相反的。

问：我爱我的妻子，可是，我觉得我们两个人的性格非常不同，该如何磨合呢？

答：相爱是容易的，难的是相处。毕竟是两个完全不同的人长期在一起生活，你们当然需要一些学习、适应和磨合的过程。

男女的思维非常不同，可是，不同的本身却是生命的神来之笔，为我们在体验生命的过程中提供了非常多姿多彩的教材和互补作用。

男女的不同并非一种缺陷，而是一种祝福。当你懂得包容和欣赏对方与自己的不同，不再把对错和好坏的标签贴在你们的不同之处，你们的生活反而会因为不同而变得更有趣和丰富。

问：我的心很想和老公一起，我的想法却不让我这样做，我的内心正在交战。请问，我该如何取舍呢？

答：你觉得内心交战是因为你头脑中的想法与你的心灵无法达成共识，这个时候，你要听取内心给你的感觉，而非头脑对你喋喋不休的对错或好坏想法。不需抗拒、不需否认、不需恐惧，只需观察，你只需不加批判地察觉自己的思想正在说什么，你会发现这些想法都只是来自恐惧的惯性反应。

当你习惯了这样面对你的观念，它们对你的束缚就会慢慢减少。尝试多把注意力放在现在的每一刻，在思想缺席的时候，你会更直接地感受和信任来自心灵的智慧。

问：What2believe，我经常在婚姻关系中感到痛苦，生命是为了受苦的吗？

答：生命的真正意义是通过体验生命的两极性而明白生命原来是中性的本质，当你通过放下你的固有观念而明白更多的生命真相，你便自由了，你便能够回到自己内心的平衡点。生命的属性无好坏，亦无对错，成为一个觉知生命真相的人就是一个真正自在无碍的人。生命是吾师，每个人都可以通过对生命经历的觉知和内省，回到自己充满喜悦和满足的本来状态。

问：我的丈夫在外面有了女人，我对这段婚姻感到很绝望，很想摆脱却没有勇气。楼主可否给我意见？

答：当你不知所措的时候，请不用急着决定什么，先给自己和对方多点时间和空间，尽量让自己的心情平复下来。除了生活和工作外，平时一个人的时候尽量让自己跟随感觉走。当负面想法出现的时候，不要相信这些想法，因为负面思想会像黑洞一样把你整个人都卷进去，结果只会令你更迷失、恐惧和痛苦。

当你对关系感到绝望时，你可能会选择离开，离开往往是一个比较容易的决定，你甚至会因为能够离开而感到一时之快。可是，如果你带着怨恨和悲痛离开一个和你还相爱的人，你并不会因此而变得快乐，这样，你的遭遇很可能还会在你的下一段婚姻中出现。

如果你决定留下来，你需要更多勇气，你的勇气来自你们还是相爱的事实。你的选择令你通过转变自己的心境，而获得更多面对人生考验的机会，而你对自己和伴侣的爱会给你动机和动力，让你靠自己的力量，有勇气在种种考验中继续走下去。

有一天，你可能还是会决定离开，那时你已经不同了，那时你会不带遗憾地离开，你甚至会快乐地离开，因为，你知道你们已经不再相爱，你明白，你们的缘分已尽，你只是在需要和愿意放手的时候离开。

问：我觉得楼主把婚姻看得很透彻，想请教一下，虽然平时和丈夫没有发生什么冲突，他对我很好，丈夫也是我自己选择的，但我对他却渐渐失去了感觉。我很担心以后的日子会变成一种惯性的模式，缺乏激情和生命力。我真的不知道我能否这样下去。请楼主为我提点意见，谢谢。

答：我觉得现在最重要的是你要知道自己是否仍然爱你的丈夫。很多时候，有很多人因为在生活经历中感到不快乐而以为自己已经不爱伴侣。其实，有些情况是，当事人只是被自己的思想蒙骗了。因为建基于对与错的观念，你认为你一直活在自己是受害者的故事角色中，这样，你会认为你可能已经不爱对方了。

要知道你是否还爱对方，可以尝试一些方法。例如，你可以尽量投入地想象明天你将要与他永远分离，此生不能再与他见面，然后，问问自己的心，你的感觉是怎样的？你究竟还爱他吗？不要思考，真实的答案会在平静的心境中自然浮现。

如果你们还是相爱，代表你们还有缘分，因此你们应该珍惜。虽然很多时候夫妻关系以让人感到痛苦的形式呈现，而这些表面负面的经历，却往往是一些能够让你放下痛苦的工具。

如果你确定你还爱对方，令你感受不到爱的原因往往并非你不爱丈夫，而只是对方不了解你的想法和需要，你们缺乏沟通和不懂相处而已。而这些问题，都可以通过学习得以改善。

当你真的清楚自己的心，你会发现原来你已经不爱对方，选择放下这段感情反而是一种智慧和勇气的表现。此时，请不必因为任何原因执着于一段没有相爱基础的关系，而错过了其他可能会让你获得真正幸福的缘分。

问：楼主，你说的都很有道理，可是，如果男人需要经常令妻子活在恋爱的感觉之中，男人不会太累吗？难道不用工作，不用赚钱，有情真的可以饮水饱吗？

答：如果你为对方所付出的对你来说，只是一些你认为是为了应付对方要求与需要的行为和技巧，你要经常想着要做什么和不做什么来讨好对方，这样的确是很累的，而且这些行为会令对方感觉虚伪，也不能真的让双方获得真正满足。

而当你能够把爱对方的意愿转化为心态的层次，一切都会变得自然和真实，而不再虚伪。重点不是你应该要做什么和做多少，而是随心而做。你要做什么、什么时候做、做多少，将会完全取决于你当时的真实意愿和心态。

你说的话和行为只是一些反映你当时希望表达的形式，而非你认为你应该做、一定要做的事情，更不是为了应付什么。

让你的思、言、行成为感情的一种自然流露，你便不会感到累，更不会影响你的工作，反而会让你因为能够令妻子经常感到快乐而更满足和自信。